図解でまるわかり！

決定版

2024年4月 介護保険改正ガイド

中央法[illegible]編集部 編集

中央法規

CONTENTS

第1章 2024年改正 注目の11のポイント！

第2章 2024年はココが変わった！ サービス別　報酬・基準改正

第3章 診療報酬・障害福祉サービスの報酬改定もチェック!

※本書は、2024年5月15日現在の情報に基づき作成しています。

第1章

2024年改正
注目の11のポイント!

ポイント1

働きやすい職場環境づくり

注目ポイントはココ！

- ☑ テレワークの推進と個人情報の適切な管理
- ☑ 利用者の安全や介護サービスの質の確保、職員の負担軽減に向けた方策を検討する委員会の設置
- ☑ 介護ロボットやICTなど、テクノロジーの活用促進
- ☑ 見守り機器導入による特定施設入居者生活介護・介護老人保健施設・認知症対応型共同生活介護（グループホーム）での人員配置基準の緩和

なぜ？改正の背景　介護ニーズの急増と人手不足への対応

ペーパーレス化を進め、ICTを介護現場のインフラに

日本の人口が減少していくなかで、高齢化率は上昇し続けています。要介護者が増加することに伴う介護ニーズの急増だけでなく、生活の変化などによってニーズ自体が、複雑で多様なものへ変わりつつあります。このような状況において、限られた人材で、一人でも多くの利用者に質の高いケアを提供することが、今後よりいっそう求められるでしょう。

一方で、介護現場に目を向けると、紙で記録したりFAXを活用したりする介護施設・事業所がまだ多くあり、ICT導入の遅れが目立ちます。業務の見直しが急務となっている昨今、特に間接業務の部分で、ICTを取り入れたペーパーレス化は必須です。

また、ケアに直接かかわる業務においても人手不足を補うカギになるものとして、介護ロボットや見守り機器などの活用が期待されます。今回の改正では、これらのテクノロジーを利用して業務を効率化し、かつ安全の確保に努めている場合に、人員配置基準の緩和も行われました。

今後は、ICTを介護現場のインフラとして整備し、積極的に活用して、介護現場の3Mといわれる「ムリ（心身への過度な負担）」「ムダ（省力化できていない業務）」「ムラ（スキルや仕事量の負荷のばらつき）」をなくしていくことが重要です。

テクノロジーの導入・活用により解決する介護現場の３M

3M ムリ

設備や人材によってもたらされる心身への過度な負担

(例) **経験が浅い**

いきなり１人で夜勤をさせる

体格差がある

職員１人で移乗する

3M ムダ

省力化できていない業務

(例) **忘れ物を届ける**

利用者の忘れ物に気づき、自宅に届ける

何度も記録

バイタルサインなどの同じ記録を何度も転記する

3M ムラ

職員のスキルや仕事量の負荷のばらつき

(例) **介助内容がバラバラ**

職員によって介助内容が異なる

あいまいな情報共有

介護記録の記載の仕方が職員によって異なる

対応の差

介助に入る職員の数が日によって異なる

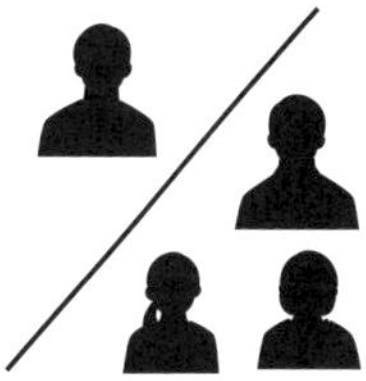

ココが変わる! 生産性向上推進体制加算の新設

ICT導入や業務改善の効果検証データの提出により加算がつく

生産性向上に向けた取り組みを促進するため、特別養護老人ホームや介護老人保健施設、介護付き老人ホーム、認知症対応型共同生活介護（グループホーム）、短期入所生活介護、短期入所療養介護、（看護）小規模多機能型居宅介護において、生産性向上推進体制加算Ⅰでは、利用者１人に対し月100単位まで算定できるようになりました。

加算Ⅰの要件としては、生産性向上の具体策を検討する委員会を設置したうえで、見守り機器などのテクノロジーを複数導入していること、年に１回、業務改善の効果を検証するデータをオンラインで提出すること、介護助手の活用などがあげられます。

人員配置基準・要件の柔軟化

生産性向上に向けて先進的な取り組みを行っている施設について、人員配置基準の柔軟化が図られました。

1 特定施設入居者生活介護、地域密着型特定施設入居者生活介護

見守り機器などテクノロジーの複数活用と、職員間で役割分担が適切に行われていることによって、要介護者の利用者３人に対して、看護職員・介護職員１人の基準が、常勤換算方法で0.9人以上に緩和されました。

2 介護老人保健施設、短期入所療養介護

①見守りセンサーを利用者全員に導入、②夜勤職員がインカムなどのICTを使用、③職員の負担軽減や十分な休憩時間をとり安全性を確保している、という３つの要件を満たしている場合、１日あたりの配置人員数が現在の２人以上から1.6人以上に緩和されました（ユニット型除く）。ただし、常時１人以上の配置が義務づけられています。

3 認知症対応型共同生活介護（グループホーム）

夜間支援体制加算について、従来の要件（常勤換算方法で１人以上の夜勤職員または宿直職員の配置）に加えて、新たに①見守り機器を利用者数の10％以上設置して、利用者の動向がわかるようにする、②事業所内に利用者の安全とサービスの質の確保や、職員の負担軽減について検討する委員会を設置し、検討を実施している、という要件を満たし、夜勤職員が0.9人以上上回っている場合にも算定できるようになりました。

生産性向上に向けた取り組みの促進

利用者1人

新設

生産性向上推進体制加算Ⅰ
100単位／月
※加算Ⅱの要件を満たすこと

生産性向上推進体制加算Ⅱ
10単位／月

〈要件〉

〔加算Ⅰ・Ⅱ〕
生産性向上の具体策を検討する委員会を設置

〔加算Ⅰ・Ⅱ〕
業務改善の効果を検証するデータの提出（年に1回）

〔加算Ⅰ〕
見守り機器などのテクノロジーを複数導入
※加算Ⅱは1つ以上導入

〔加算Ⅰのみ〕
職員間の適切な役割分担（介護助手の活用など）の実績

人員配置基準の柔軟化を図る要件

特定施設入居者生活介護
地域密着型特定施設入居者生活介護

要件
見守り機器などテクノロジーの複数活用と、職員間の適切な役割分担

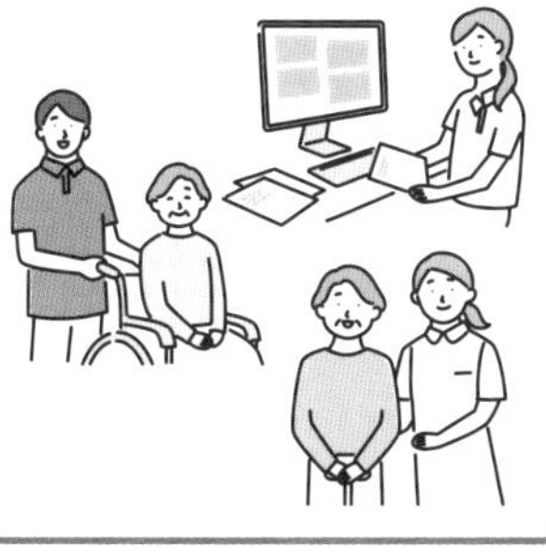

介護老人保健施設
短期入所療養介護

要件
- 見守りセンサーを利用者全員に導入
- 夜勤職員がインカムなどのICTを使用
- 職員の負担軽減や安全性の確保

グループホーム

要件（夜間支援体制加算）
- 見守り機器を利用者数の10%以上設置
- 事業所内に利用者の安全とサービスの質の確保などを検討する委員会の設置

職員の負担軽減などにより、生産性を向上し質を確保

ポイント2

質の高い公正中立なケアマネジメント

注目ポイントはココ！

- ☑ ヤングケアラー、障害のある人、生活困窮者、難病患者など複雑化・多様化する課題に取り組むためのアクションの重要性
- ☑ 市町村から指定を受けた居宅介護支援事業者は、新たに介護予防支援の実施が可能
- ☑ ケアマネジャー１人あたりの取り扱い件数（居宅介護支援費）の見直し
- ☑ テレビ電話やオンラインなどを通じたモニタリングの実施が可能
- ☑ ICT を活用した業務効率化

なぜ？ 改正の背景　ケアマネジャーに求められる課題解決能力

スキルアップを求められつつも、深刻な人材不足が足かせに

超高齢社会を視野に入れると、社会課題は今後さらに複雑化・多様化することが予想されます。要介護認定を受けた利用者だけでなく、ヤングケアラーや生活困窮者など、家族や周囲にいる人たちにも目を向ける必要があります。こうしたケースにおいて、ケアマネジャーは、従来培ってきた地域のネットワークを活用し、適切な支援へつなげていく要となるでしょう。そのためには、さらに高いスキル、そして専門知識の範囲も高齢者福祉のみならず、障害者福祉や児童といった他分野・他制度まで理解する必要があり、多岐にわたる社会課題に対応していく総合力が求められることになります。

しかし、そうした状況下では、業務負担が増し、ケアマネジャー自身の疲弊やバーンアウト（熱心に努力してきた結果、最終的に燃え尽きてしまう状態）につながることも懸念されています。介護職員と同様に、ケアマネジャー不足に陥っている地域や居宅介護支援事業所が多いなかで、業務への適正な評価と、複合的な課題解決に取り組むための支援体制を強化していく必要があります。

そこで、人手不足の解消の一助として、業務効率化の取り組みによる職場環境の改善や、ICT を積極的に活用する考え方が検討されました。公正中立なケアマネジメントを行うための改善策が改正のポイントとなっています。

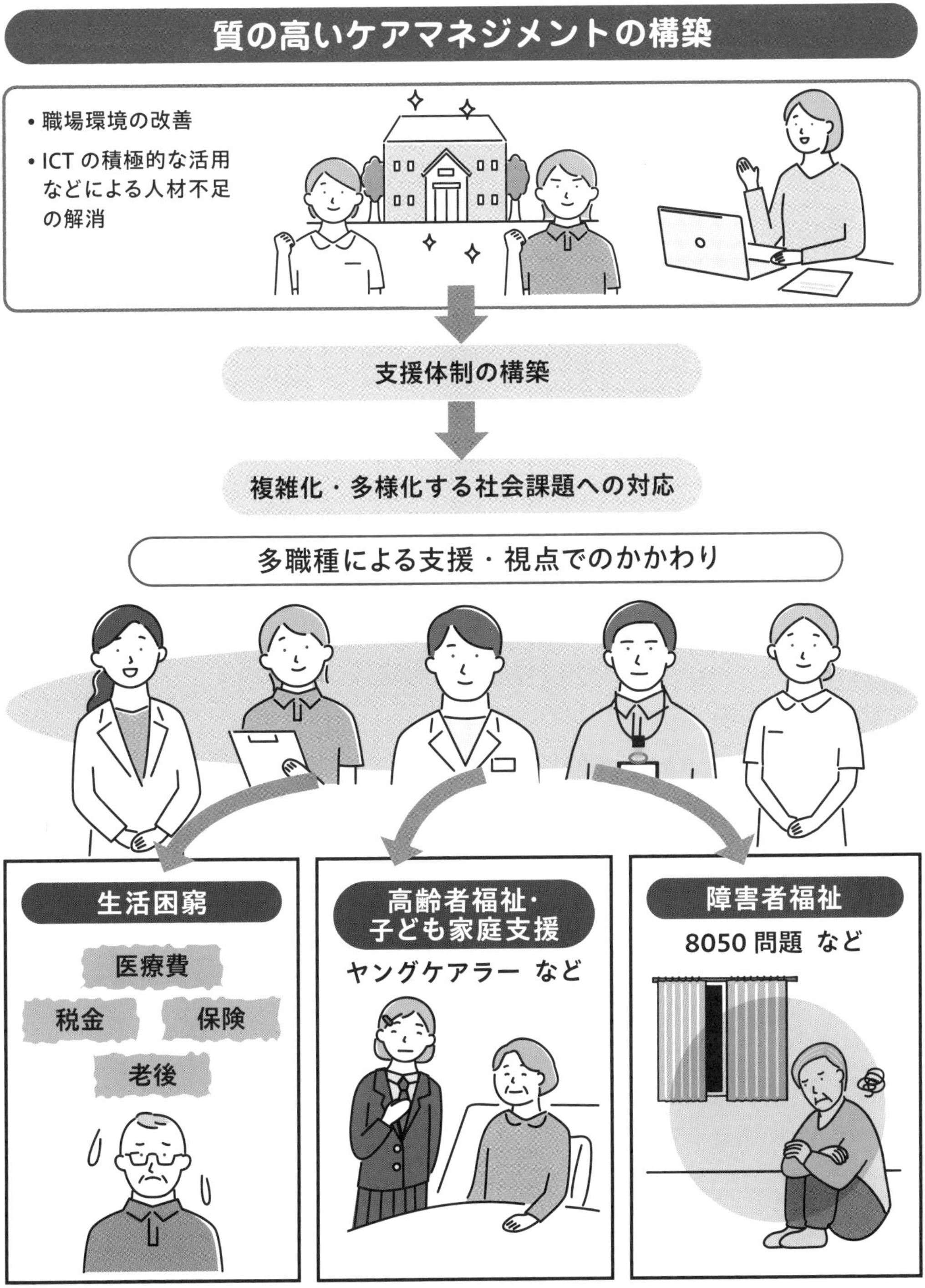
質の高いケアマネジメントの構築
• 職場環境の改善
• ICT の積極的な活用などによる人材不足の解消
支援体制の構築
複雑化・多様化する社会課題への対応
多職種による支援・視点でのかかわり
生活困窮
医療費
税金
保険
老後
高齢者福祉・子ども家庭支援
ヤングケアラー　など
障害者福祉
8050 問題　など

ココが変わる! 特定事業所加算の要件見直しや介護予防支援事業の受託が可能に

複雑化・多様化する社会課題解決に向けてアンテナを高くする

利用者への支援では、家族や周囲の環境にも注意を払うことが必要であり、また、共生社会の実現に向けては、障害のある人や生活困窮者、医療依存度の高い人の支援を多職種と連携しながら行うことが求められます。

そのため、居宅介護支援における特定事業所加算の算定要件では、こういった複雑化・多様化する社会課題に関する事例検討会や研修への参加が新たに必要となります。

新たに介護予防事業が受託可能

居宅介護支援事業者も市町村から指定を受けて、介護予防支援を実施できるようになりました。その際に市町村長に対して、予防に関するケアプランの実施状況を情報提供することが運営基準に義務づけられました。あわせて、これに伴う手間やコストを評価する区分も新たに設けられました。また、管理者（主任ケアマネジャー）が他事業所と兼務する場合は、支障がない範囲で認められます。

ケアマネジャー1人あたりの取り扱い件数が増える

居宅介護支援費Ⅰでは、取り扱い件数が、従来の40件未満から45件未満に変更されました。これまで40件を超えた場合は減算になっていましたが、緩和されたことにより事業所としての増収につながるでしょう。一方で、取り扱い件数の増加は、ケアマネジャーの多忙さに拍車をかける、ケアプランの質に影響を及ぼすといった意見もあります。

ケアの質を保つためにも、また少ない人数で効率的に利益を得るためにも、ICT導入は居宅介護支援事業所でも必須となることでしょう。

ケアプランデータ連携システム活用も視野に入れる

2023（令和５）年４月から運用されているケアプランデータ連携システムは、紙の書類でのやり取りが多いことから、業務過多で非効率性が課題視されている居宅介護支援事業所において、業務効率化に貢献すると期待されています。将来の義務化が予想されるため、まだ取り入れていない事業所は導入を検討しておきましょう。

ケアプランデータ連携システムの活用イメージ

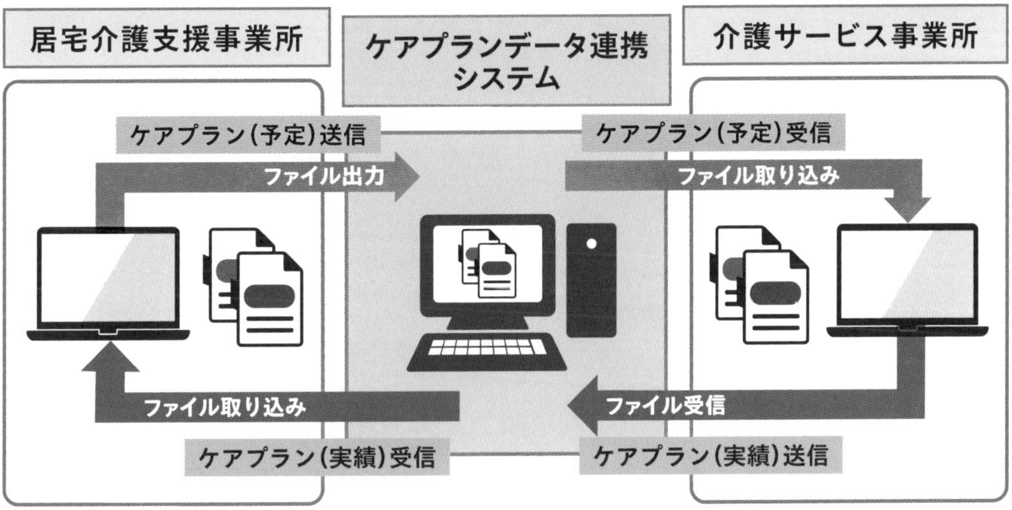

〈活用のメリット〉

職員の手間の削減、効率化

紙でのやりとりを省ける
効率化による職場環境の改善

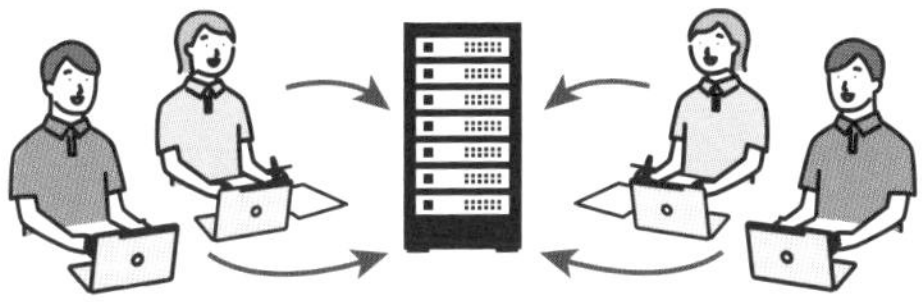

コストの削減

作業の手間の簡略化や、時間の削減ができる

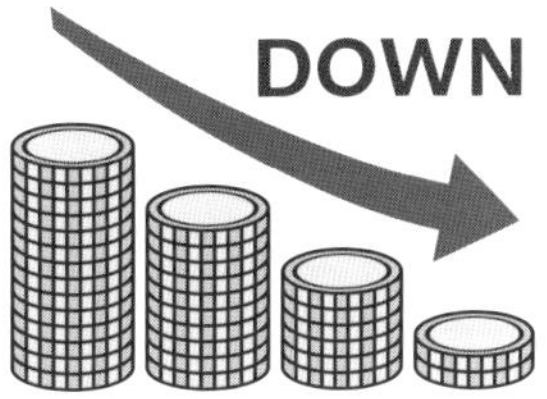

心理的な負担の軽減

作業に追われる心理的な負担を軽減できる

事業所のマネジメントの向上

ケアマネジメントの質の向上にあてることができる

ポイント3

高齢者虐待の防止・身体的拘束の適正化

注目ポイントはココ！

- ☑ 虐待防止のための定期的な委員会の開催
- ☑ 虐待防止のための指針の整備
- ☑ 職員を対象とした定期的な研修の実施
- ☑ 虐待防止の措置を適切に実施する担当者を置く
- ☑ 施設における身体的拘束を廃止するための対策を義務化

なぜ？ 改正の背景　高齢者虐待の増加─2024年度より義務化へ

虐待防止と身体的拘束の廃止は、努力義務から義務化へ移行

介護施設の職員による高齢者虐待と判断された件数は2022（令和４）年度で856件、相談・通報件数は2,795件にのぼるなど、年々増加傾向にあります（令和４年度「高齢者虐待の防止、高齢者の養護者に対する支援等に関する法律」に基づく対応状況等に関する調査結果）。なかでも、高齢者の身体に外傷が生じたり、そのおそれのある行動をする身体的虐待が半数以上を占め、発生要因として、教育・知識・介護技術等に関する問題が最も多いとされています。

こうした状況から、2024（令和6）年度よりすべてのサービス（居宅療養管理指導、特定福祉用具販売を除く）で、高齢者虐待防止の推進が義務となり、介護施設や事業所では、指針の整備や研修の実施など、新たな取り組みを行っていくことになります。

従来は努力義務のため、実施に至っていなかった事業所もありますが、「高齢者虐待防止措置未実施減算」の新設により、基本報酬が減算（所定単位数の1%に相当する単位数）となるため注意が必要です。

ココが変わる! 虐待防止や身体的拘束の廃止に努めないと減算対象に

虐待防止対策を検討する委員会には専門家を活用

虐待の防止と早期発見に加えて、発生した場合の再発防止のために委員会を開催し、対策を検討します。構成メンバーは、管理者を含む幅広い職種で構成する必要があります。また、メンバーの役割分担を明確にし、かつ定期的な開催が求められます。委員会はオンラインで開催することも可能です。委員には、虐待防止の専門家を積極的に活用することが望ましいとされています。

「虐待防止のための指針」を整備する

虐待防止のための指針を各法人や事業所で以下のように整備して、職員が理解しやすいように共有する必要があります。

虐待防止のための指針に含まれるべき内容

- 事業所における**虐待防止に関する基本的考え方**
- **虐待防止検討委員会**その他事業所内の組織に関する事項
- **虐待防止のための職員研修**に関する基本方針
- **虐待などが発生した際の対応方法**に関する基本方針
- 虐待などが発生した際の**相談・報告体制**に関する事項
- **成年後見制度の利用支援**に関する事項
- 虐待などにかかる**苦情解決方法**に関する事項
- 利用者などに対する**指針の閲覧**に関する事項
- その他**虐待防止の推進**のために必要な事項

※「指定居宅介護支援等の事業の人員及び運営に関する基準について」（平成11年7月29日老企第22号より）

職員に向けて虐待防止のための研修実施と担当者を置く

虐待防止のための研修では、基礎的な内容など適切な知識を普及・啓発するとともに、定期的な研修の実施が求められます。その際に、虐待防止の措置を適切に実施する担当者も配置します。担当者は、虐待防止を検討する委員会の責任者と同じ職員にする必要があります。

身体的拘束の適正化が未実施の場合、減算が適用

新たに適用された短期入所系サービス、多機能系サービスにおいても、身体的拘束の適正化を図るため、身体的拘束などの適正化のための対策を検討する委員会を３か月に１回開催し、その結果を職員全員に周知します。また、身体的拘束の適正化のための指針を整備して、職員に研修を定期的に実施する必要があります。これを行わない場合は、「身体拘束廃止未実施減算」の新設により、基本報酬の減算（所定単位数の１%に相当する単位数）が適用されます。その際に、2024（令和６）年４月より１年間の経過措置期間が設けられます。

身体的拘束の禁止や記録の規定がない訪問系・通所系サービス、福祉用具貸与、特定福祉用具販売、居宅介護支援については、原則禁止であること、行った場合の状況や、やむを得ない理由を記録することを義務づけています。

身体的拘束によってもたらされる弊害の大きさ

身体的拘束によって、関節の拘縮、筋力低下といった身体機能の低下、圧迫部位の褥瘡の発生などが起こりやすくなります。また、食欲の低下や、心肺機能の低下、感染症への抵抗力も衰えるなど、転倒や転落事故、窒息などの大事故につながる危険性もはらんでいます。

精神面では、身体を拘束される理由がわからないために、利用者本人の生きる意欲が奪われ、不安・怒り・屈辱、あきらめなどの精神的苦痛、さらには認知症の進行、せん妄が頻発する可能性も高くなるでしょう。家族に与える精神的苦痛も大きいものがあります。

また、介護職員などの士気の低下にもつながり、介護施設・事業所に対する社会的不信、偏見を引き起こすことも理解しておくことが重要です。

身体的拘束に該当する行為と適正化に向けた取り組み

〈身体的拘束に該当する行為〉

- 車いすやいす、ベッドに体幹や四肢をひもなどで縛る
- ベッドを柵（サイドレール）で囲む

- Y 字型拘束帯や腰ベルトなどをつける
- ミトン型の手袋をつけて手指の動きを制限する

- 立ち上がりを妨げるいすを使用する
- 介護衣（つなぎ服）を着せて、脱衣やおむつ外しを制限する

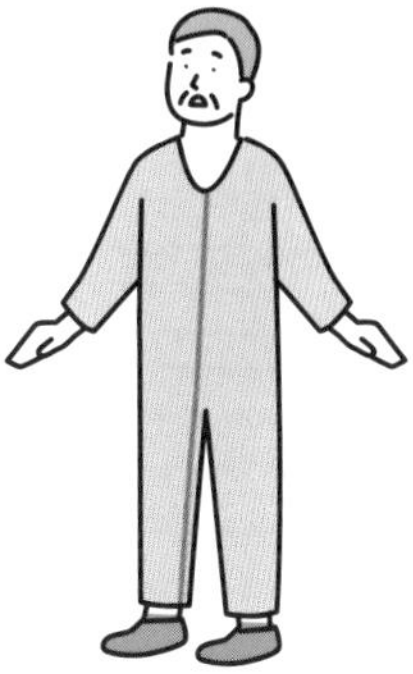

- 向精神薬を過剰に服用させ、行動を落ち着かせる
- 自分の意思で開けることができない居室などに隔離する

適正化に向けて

☑ 3か月に1回開催

- 身体的拘束などの適正化に向けた検討委員会を開催
- 結果を職員全員に周知

☑ 指針の整備

- 身体的拘束の適正化のための指針整備
- 研修の実施

☑ 記録が義務に

- 訪問系・通所系サービス、福祉用具貸与、特定福祉用具販売、居宅介護支援が対象

短期入所系サービス、多機能系サービスにおいて

新設　**身体拘束廃止未実施減算**

未実施の場合、減算適用
（2025 年 3 月 31 日まで経過措置）

ポイント4

事業者に経営情報の報告を義務化

注目ポイントはココ！

- ☑ すべての介護サービス事業者に経営情報を各自治体に報告することを義務化
- ☑ 介護情報基盤の強化
- ☑ 国が情報を整備して公表
- ☑ データベースの整備

なぜ？ 改正の背景　経営の透明性を確保するのが目的

介護事業経営実態調査を補完するためのエビデンスの1つとして

介護費用や介護保険料が増加するなかで、報酬改定の効果検証や、処遇改善についての検証など、今後の重点施策を考えていく際に、さらに詳しい分析が求められます。

現在、国では社会福祉法人におけるデータベースに加え、営利企業である介護サービス事業所も含めたすべての介護サービス事業者の経営状況がわかるデータベース構築を進めています。こうした新たなデータベースを管理して、国民に公開し、経営の透明性を確保していくことが目的です。また、これらの情報は介護事業経営実態調査（介護施設・事業所の経営状況を把握する調査のこと）を補完する役割を果たすことも期待されています。

ココが変わる！　すべての介護サービス事業所の経営状況が国民に開示

今まで対象ではなかった介護サービス事業所にも報告義務が生じる

今まで介護施設のみに義務づけられていた財務諸表などの経営情報に関する報告が、2024（令和6）年4月より、すべての事業者に拡大されました。

これにより、従来の介護事業経営実態調査によるデータに、全介護サービス事業所の経営状況のデータが加わり、経営状況がさらに詳しく正確に国民に伝わるようになります。ただし、個別の施設・事業所が特定できる形での公表は行われません。介護職員一人あたりの賃金水準の公表も現在は任意ですが、将来的には義務化されることが予想されます。

経営情報公表のメリット

介護保険サービスのおかれている現状・実態を国民が把握しやすい

持続可能な介護保険サービスの提供体制を構築する政策検討の材料になる

物価上昇、災害や感染症の発生時、経営面に配慮した的確な支援策を検討できる

介護事業経営実態調査を補完する役割を果たす

経営実態をもとにした、介護職員の処遇改善の検討に役立つ

都道府県に経営情報を定期的に提出

ポイントは、すべての介護サービス事業者に報告義務が生じることです。

従来、一法人としての決算で済んでいた複数事業を行う介護施設・事業所については、個別の施設・事業所ごとに決算終了後、都道府県に経営情報を報告する必要があります。利用者やその家族にとっては、施設・事業所を選択する際のより詳しい情報が開示されることにもなります。

その他、施設・事業所の基本情報、収益や費用、職種別の人員数などの記載も必要です。正確な情報提供を行わないと指定取り消しになるリスクも生じるため、経営者の自覚がより求められてきます。ただし、以下のいずれかに当てはまる場合は、報告対象から除外となります。

〈報告対象の除外〉

- 介護サービスの提供で受けた対価が、1年間に100万円以下である小規模事業者
- 自然災害などにより、やむなく報告ができない理由がある

介護サービス情報公表制度を使っての財務状況の公表も義務化に

社会福祉法人や障害福祉サービス事業所において、財務状況の公表が規定されていることをふまえ、介護サービス情報公表制度でも事業所などの財務状況を公表することになりました。公表が求められる財務諸表は、損益計算書(事業活動計算書)、キャッシュフロー（資金収支）計算書、バランスシート（貸借対照表）になります。

留意すべき点は、損益計算書を作成する際に、税務会計とはまったく別の、介護事業所独自に定められた会計区分があることです。多くの経営者が財務諸表を把握しておらず、会計事務所に任せているような現状もあるため、今回の義務化により経営者として、財務諸表をしっかりと把握していく必要があります。

介護サービス事業者の経営情報の公表の流れ

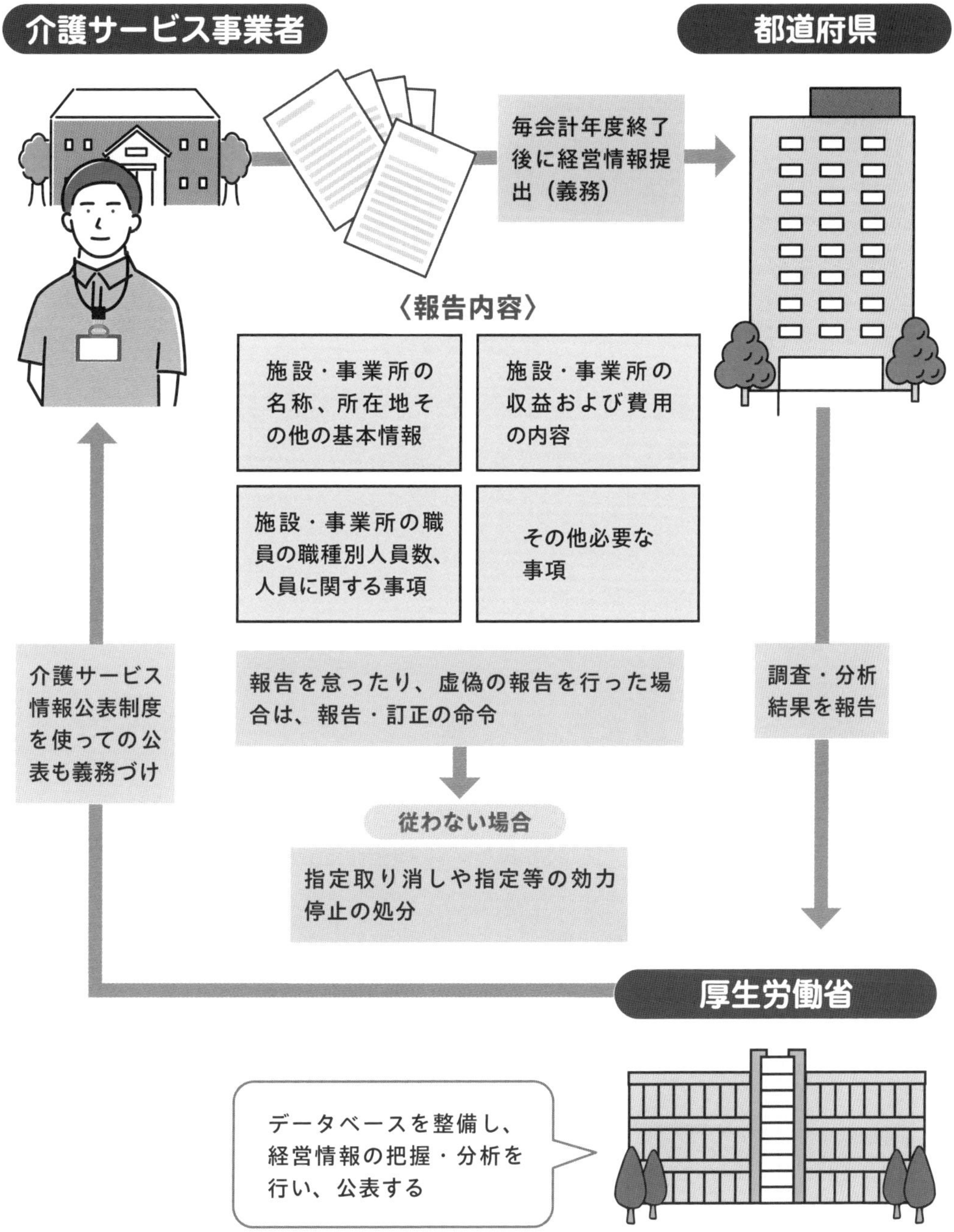

ポイント5

リハビリテーション、口腔、栄養の一体的取り組み

注目ポイントはココ！

- ☑ 通所リハビリテーション、介護老人保健施設、介護医療院、特別養護老人ホームにおけるリハビリテーションマネジメント加算に新たな区分
- ☑ 訪問系サービスと短期入所系サービスにおける口腔連携に関する加算の新設
- ☑ 介護保険施設から退所する際の情報連携を評価する加算の新設
- ☑ 居宅療養管理指導における、管理栄養士・歯科衛生士の通所サービス利用者への介入の充実化

なぜ？ 改正の背景　一体的に取り組むことで重度化防止に結びつく

リハビリテーション効果促進のためにも「口から食べる」ことが基本に

リハビリテーションをいくら熱心に行っても、フレイル（加齢や疾患などに伴い、心身が衰える状態）などによる低栄養状態が続けば、その効果は半減してしまいます。しっかり口から食べて栄養状態を改善したうえで、リハビリテーションを一体的に行うことが、高齢期においては重要であり、残された身体機能を維持するうえでも役立ちます。

歯科治療や口腔ケアの適切な介入

しかしながら、歯科治療や口腔ケアといった適切な介入を受けている利用者は意外に少なく、口腔衛生の状態不良などが摂食・嚥下機能の維持にも影響して、栄養状態の改善が図られていなかったりします。施設・在宅を問わず、リハビリテーション・機能訓練、口腔管理・栄養状態の改善を一体的に考え、各専門職が連携して行うことが期待されます。

ココが変わる！ 口から食べられる喜びを生み出すための連携を評価

訪問系サービスや短期入所系サービスから歯科医師への連携

訪問系サービスや短期入所系サービスの職員が利用者の口腔状態を確認して評価し、歯科医療機関やケアマネジャーなどに情報提供をした場合に算定できる、「口腔連携強化加算」が新設されました。

これによって、今まで連携がしづらかった在宅における歯科医療機関との連携が強化されるとともに、訪問歯科診療ともつながりやすくなることで、在宅での口腔ケアが行いやすい環境が生まれると期待されています。

リハビリテーション・機能訓練、口腔、栄養の一体的な取り組みで得られる効果

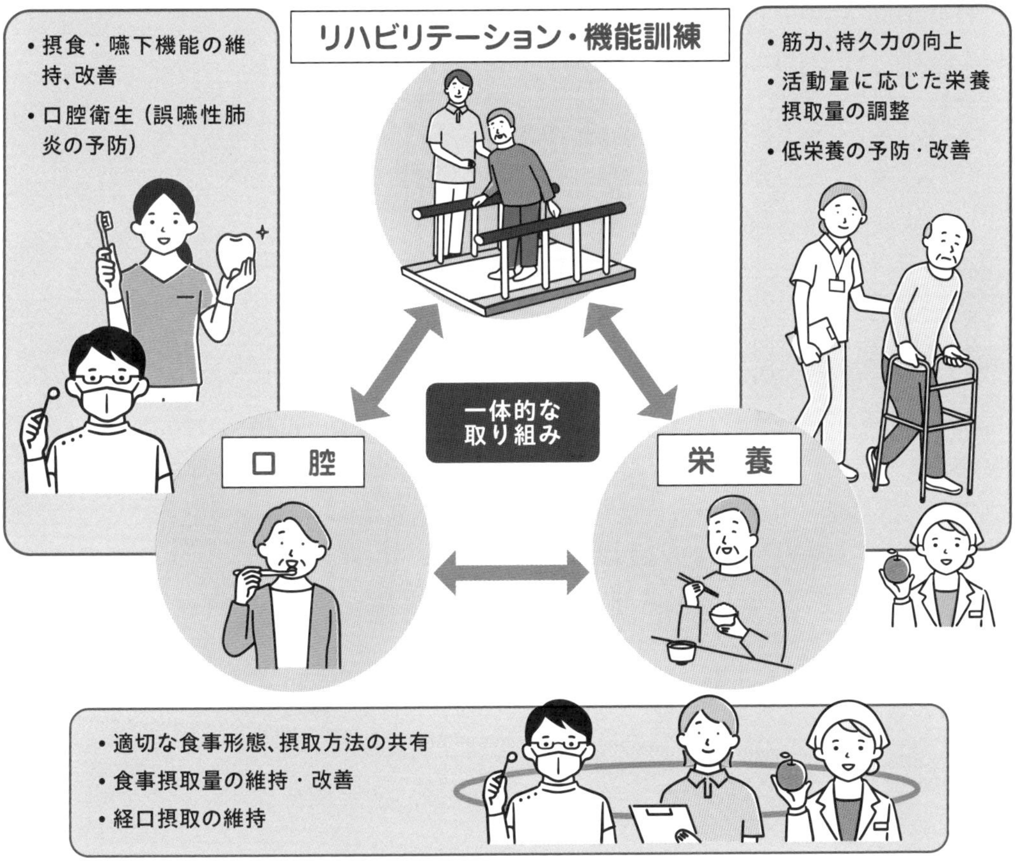

介護保険施設での口腔衛生管理の強化

介護保険施設において、入所時や入所後の口腔内の衛生状態や口腔機能に関する評価の実施が新たに義務づけられました。これは介護職員が日常的に口腔管理を実施し、歯科専門職へ適切につなげることを目的としています。

これによって、歯科衛生士が利用者の口腔状態の定期的な評価を実施することが求められ、実施内容を文書で取り決めて、関連職種と連携しなくてはなりません。

介護保険施設から退所する利用者の情報連携

特別養護老人ホームや地域密着型特別養護老人ホーム、介護老人保健施設、介護医療院から自宅、他の介護保険施設、医療機関に退所する場合、施設の管理栄養士がその利用者の栄養管理に関する情報を、他の介護保険施設や医療機関に文書などで提供した際に算定できる、「退所時栄養情報連携加算」が新設されました。

対象者は、厚生労働大臣が定める特別食※を必要とする利用者、あるいは医師が定める低栄養状態の利用者となります。

※医師の発行する食事箋に基づいた適切な栄養量および内容を有する腎臓病食、肝臓病食、糖尿病食、胃潰瘍食、貧血食、膵臓病食、脂質異常症食、痛風食、嚥下困難者のための流動食、経管栄養のための濃厚流動食および特別な場合の検査食（単なる流動食および軟食を除く）のこと。

再入所の際の栄養連携加算の見直し

栄養管理を必要とする利用者に切れ目なくサービスを提供できるように、再入所時栄養連携加算の対象者の要件が見直されました。これにより、再入所の場合でも、特別食などを必要とする利用者は算定対象となります。

栄養に関する加算の新設、対象の見直し

新 設

退所時栄養情報連携加算

施設の移動、自宅や他の医療機関などへの退所

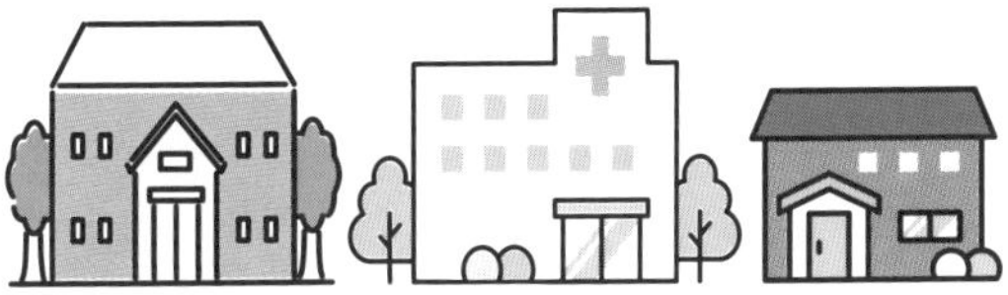

対象拡大

再入所時栄養連携加算

入院前の施設に再入所

対象

特別食を必要とする利用者
低栄養状態の利用者

算定要件

- 管理栄養士による退所先への栄養に関する情報提供
- 1月につき1回を限度とした所定単位数の算定

対象

特別食などを必要とする利用者

算定要件

- 栄養に関する指導またはカンファレンスに同席
- 医療機関の管理栄養士と連携し、再入所後の栄養ケア計画を作成

ポイント 6

認知症ケアの質を高める

注目ポイントはココ！

- ☑ 訪問系サービスにおける認知症専門ケア加算の見直し
- ☑ 通所介護や地域密着型通所介護における認知症加算の見直し
- ☑ 小規模多機能型居宅介護における認知症対応力の強化
- ☑ 認知症対応型共同生活介護（グループホーム）、介護保険施設での平時からのBPSDの予防・早期対応
- ☑ 介護老人保健施設での認知症短期集中リハビリテーション実施加算の見直し
- ☑ 訪問リハビリテーションにおける集中的なリハビリテーションの推進

なぜ？ 改正の背景　認知症のある高齢者の増加に伴う、ケアの質の向上

認知症の対応力向上に関連する加算算定率の低迷が課題に

2023（令和5）年6月に公布、2024（令和6）年1月に施行された「共生社会の実現を推進するための認知症基本法」において、認知症のある人が尊厳を保持しつつ希望をもって暮らすことができるように、認知症施策を総合的・計画的に進めていくことが目的として掲げられました。

認知症ケアの底上げについては従来より大きな課題となっており、対応力向上を図った介護施設や事業所には加算がつくような配慮がなされていました。しかし、算定率は低迷を続けているのが現状です。そのため、今回の改正では、関連する加算を取得しやすいように算定要件の見直しを図りました。

また、算定要件となる認知症介護基礎研修、認知症介護実践者研修、認知症介護実践リーダー研修、認知症介護指導者養成研修がもっと受けやすくなるように開催時期や方法の改善を図り、認知症対応型共同生活介護（グループホーム）や地域密着型サービス以外のすべての介護サービスにおいても、研修が受けやすいような環境整備に向けて動き出す予定です。

算定要件になる認知症ケアの研修体系

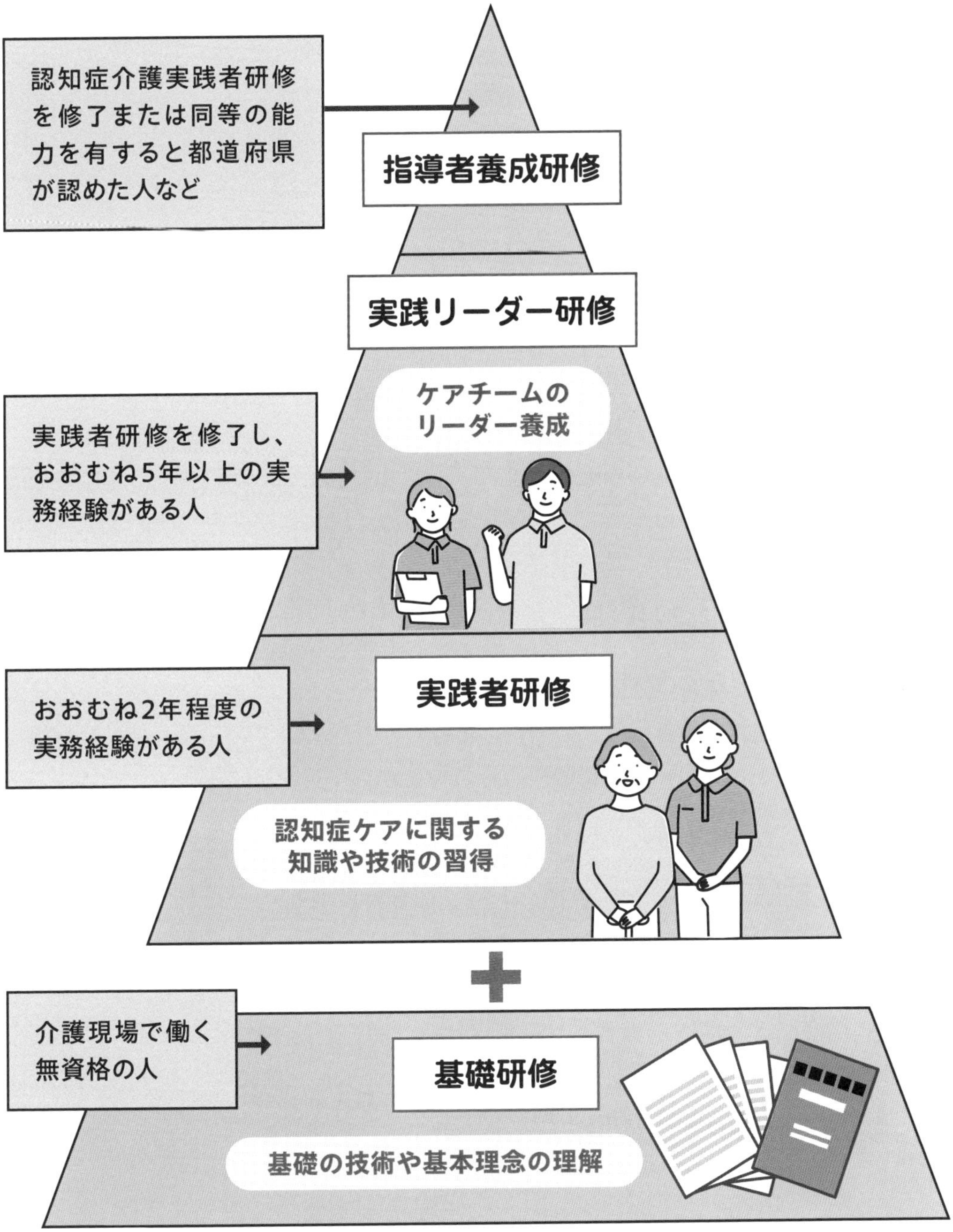

ココが変わる! チームケア推進への評価や認知症加算の要件見直し

認知症チームケア推進加算の新設

特別養護老人ホームや介護老人保健施設、グループホーム、地域密着型特別養護老人ホーム、介護医療院では、チームで認知症の行動・心理症状（BPSD）を未然に防いだり、症状が出現した際の早期対応の体制を平時より整備することを推進するために、「認知症チームケア推進加算」が新設されました。算定要件は以下のとおりです。

①認知症のある利用者に対し、個別にBPSDに関する評価を計画的に行い、それに基づく値を測定し、予防に向けてチームで実践していること
②認知症ケアについて、カンファレンスを開き、計画作成、定期的な評価、ケアの振り返り、計画の見直しを行うこと

小規模多機能型居宅介護における新たな加算区分

ほとんどの小規模多機能型居宅介護では、認知症加算（2009（平成21）年の報酬改定で創設）を算定しています。今後、認知症のある高齢者がさらに増加していくことを考えると、利用者の要介護度が進む状況下でも、小規模多機能型居宅介護で24時間365日、在宅で支援を変わらず行っていくことが重要といえます。そのために、認知症への対応力向上と、体制を強化し整えていくことが課題です。

そこで今回の改正では、認知症のある高齢者を在宅で支えるサービスとして小規模多機能型居宅介護の体制を充実させていくにあたり、従来はⅠとⅡしかなかった認知症加算を新たにⅠ～Ⅳの4区分に増やし、単位も最大で月920単位（認知症加算Ⅰ）まで取得できるしくみに見直されました。

訪問系サービスにおける認知症専門ケア加算の要件見直し

訪問介護、訪問入浴介護、定期巡回・随時対応型訪問介護看護、夜間対応型訪問介護において、算定率が低迷していたおもな原因とされてきた、認知症専門ケア加算の「利用者の受け入れに関する要件」が、利用状況に即して見直されました。

具体的には、認知症のある高齢者の重症化を緩和したり、認知症高齢者の日常生活自立度Ⅱの利用者に対して適切に専門的ケアを行ったりすることが評価されます。

通所介護、地域密着型通所介護も認知症加算の要件見直し

認知症のある高齢者を地域で支える代表的なサービスとして、通所介護や地域密着型通所介護があります。認知症加算において、加算の単位に変更は見られないものの、算定要件では新たに、個別事例の検討や技術的指導にかかわる会議を定期的に開催することが求められます。

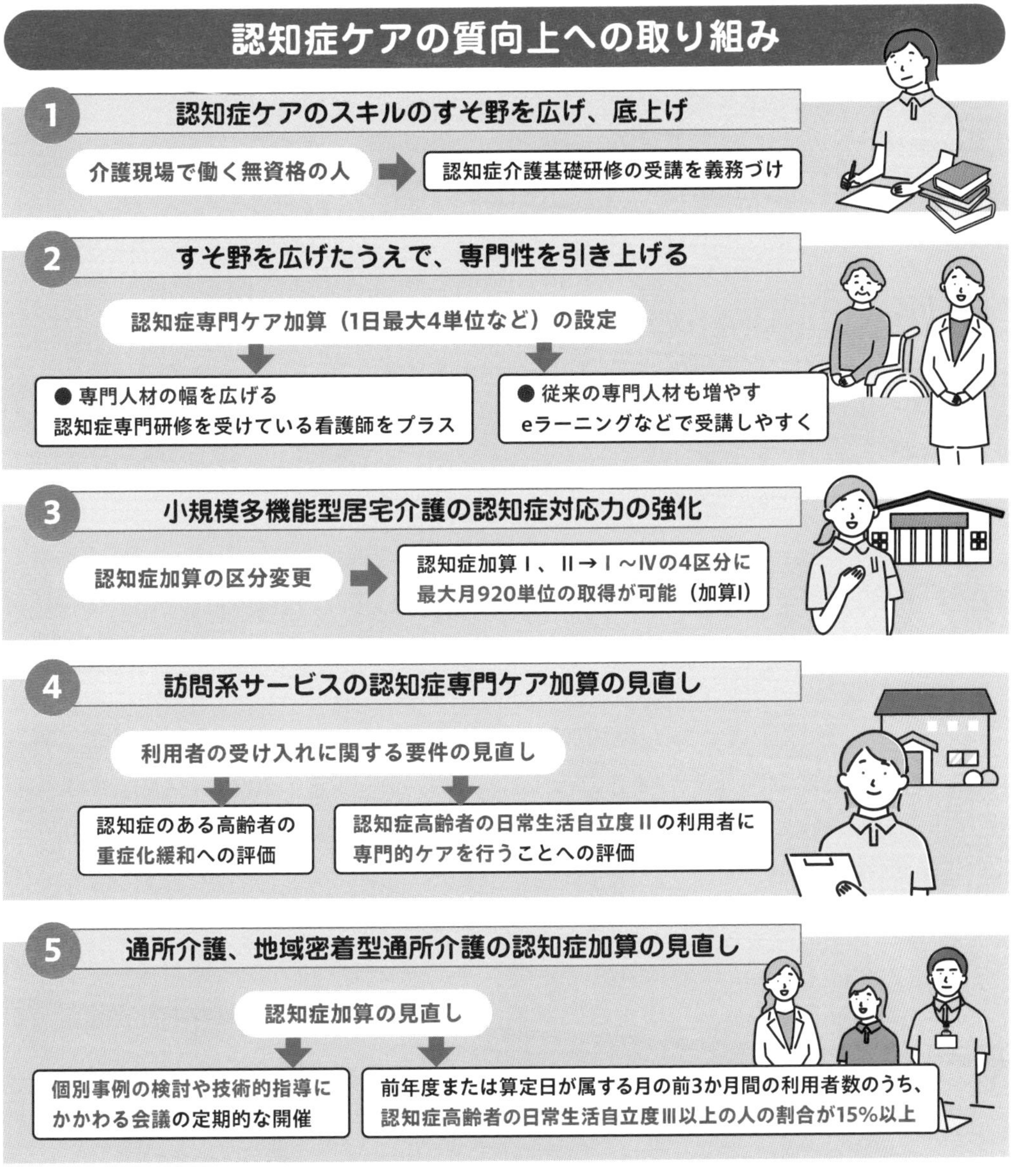

ポイント7

感染症や災害への対応力向上

注目ポイントはココ！

☑ 感染症発生時は医療機関と連携し、施設内で感染者の療養に努める
☑ 医療機関から３年に１回以上、実地指導を受ける
☑ 新興感染症（一般的な感染症以外）の発生時に協定締結医療機関と連携体制の構築
☑ 業務継続計画（BCP）未策定の事業所に減算が適用

なぜ？ 改正の背景

集団感染の起きやすい施設の対応について考え直す

新型コロナウイルス感染症のときのクラスター発生を教訓に

新型コロナウイルス感染症の流行時に、特に高齢者施設は、度重なるクラスター発生で予防対策に大変な苦労を強いられました。罹患した利用者についても、医療機関が満床で入院が難しかったことから、軽症者に対しては、ゾーニングや家族との面会を制限したうえで、施設内で療養を行っていました。

介護職員の負担も大きく、クラスターを予防するために、自らの家族との接触も避けて、自身の感染予防に努めるなど、私生活も犠牲にするほどの努力を払ってきた背景があります。

今回の改正では、今までのこういった経緯を考慮に入れ、特に感染対策に力を尽くした高齢者施設に対して、新たな加算を設けることで評価をすることになりました。

また近年、自然災害などが多くなってきていることから、2024（令和6）年４月より義務化された業務継続計画（BCP）の策定についても、改めてその重要性が強調されています。

訪問系サービスなど、BCP 未策定の場合の減算適用について経過措置期間がある事業所もありますが、いざというときに備えて、災害発生時の連絡体制や利用者の安否確認、地域における避難場所の把握など、確認し直すよい機会でもあります。今から BCP を策定しはじめることをおすすめします。

感染症発生時の高齢者施設への評価（新設の加算）

- 協力医療機関との間で感染症発生時の対応の取り決め
- 感染症発生時の**協力医療機関**との連携
- 第二種協定指定医療機関（感染症法※第６条第17項）との**連携体制の確保**
- 診療報酬の感染対策向上加算などににかかる届出を行った**医療機関や地域の医師会が行う感染対策の研修への参加（年１回以上）**

- 診療報酬の感染対策向上加算にかかる届出を行った医療機関からの、**３年に1回以上の実地指導**

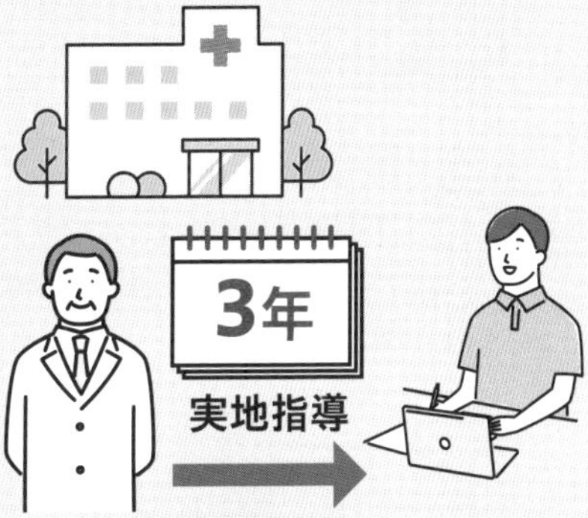

新設

高齢者施設等感染対策向上加算Ⅰ

高齢者施設等感染対策向上加算Ⅱ

※正式名称は、感染症の予防及び感染症の患者に対する医療に関する法律

ココが変わる!

感染対策を実施している施設を加算で評価

高齢者施設等感染対策向上加算の新設

新設の「高齢者施設等感染対策向上加算」では、加算Ⅰは一般的な感染症に対して、体制が整備されていて、感染症の発生時に協力医療機関と連携がしっかりとれていることなどが算定要件となります。

加算Ⅱは、3年に1回以上、診療報酬の感染対策向上加算にかかる届出を行った医療機関から実地指導を受けていて、感染症が発生した場合のシミュレーションがきちんとできていることが算定要件となります。

施設内療養を行う高齢者施設への対応

新興感染症のパンデミックが発生したときに、施設内で感染した利用者の療養を行った場合に算定できる、「新興感染症等施設療養費」が新設されました。

新型コロナウイルス感染症は5類に移行となったので、介護現場で該当する感染症はありませんが、今後パンデミックが発生したときに、必要に応じて指定されるようになります。そのため、平時より感染症の診療を行う協定締結医療機関と連携し、対応を取り決めておくように努めます。

BCP未策定の事業所は減算が適用

3年間の経過措置期間を経て、2024（令和6）年4月から、BCPの策定が義務化されました。感染症や自然災害が発生した場合、介護サービスを安定的・継続的に提供するために、介護施設・事業所におけるBCPの策定は重要かつ急務とされ、国も随時研修会を開催するなどして、テコ入れに努めてきました。

今回の改正では、施設系サービス、通所系のサービスが対象となり、訪問系のサービスにおいては、2024（令和6）年度まで経過措置期間で、対象外となります。

しかしながら、たとえ減算の経過措置期間であっても、2024（令和6）年4月以降は居宅療養管理指導および特定福祉用具販売のすべてのサービスにおいて、運営基準違反という形で指導の対象となるため、経過措置が適用される事業所については、注意が必要です。

感染症や災害への対策に向けたBCP策定の全体像

感染症、地震や豪雨などの災害

業務継続・早期再開に向けた取り組み

- 業務継続に向けた計画などの策定
- 計画に沿った措置の実施
- 職員に対する計画の周知
- 計画の定期的な見直しと必要に応じた変更
- 計画に沿った研修および訓練の実施

BCPに盛り込むおもな内容

感染症や災害発生時の役割分担

関係機関との連携
(どのような関係機関と、どう連携するか)

感染症や災害発生時のサービス対応

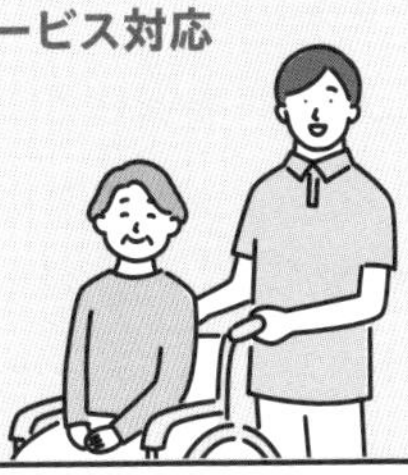

職員不足の際の職員確保

業務の優先順位の整理

感染症、災害のBCP未策定の場合 → **基本報酬の減算〔業務継続計画未実施減算〕**
(居宅療養管理指導、特定福祉用具販売を除く)

経過措置〔～2025年3月31日〕

下記を行っている場合 → **減算✕**

- 感染症の予防およびまん延防止のための指針の整備
- 非常災害に関する具体的計画の策定

→ この間、これらを行っていなくても、訪問系サービス、福祉用具貸与、居宅介護支援は減算しない

ポイント 8

看取り対応の強化

注目ポイントはココ！

- ☑ 訪問介護における特定事業所加算の見直し
- ☑ 訪問入浴介護における看取り対応体制を評価
- ☑ 短期入所生活介護における看取り対応体制の強化
- ☑ 居宅介護支援におけるターミナルケアマネジメント加算の見直し
- ☑ 介護老人保健施設におけるターミナルケア加算の見直し
- ☑ 訪問看護などにおけるターミナルケア加算の見直し

なぜ？ 改正の背景 今後ますます求められる在宅での看取り

自宅で最期を迎えたいと望んでいる人の増加

老衰などで最期を迎える高齢者の場合、病院ではなく施設や自宅で看取りを行う体制が整備されていることが大切です。厚生労働省の「令和４年度 人生の最終段階における医療・ケアに関する意識調査」の結果では、自宅で最期を迎えたいと望んでいる人が相当数いるにもかかわらず、それができずにいる人もまだまだ多いのが現状です。人生の最期をどこでどのように全うしたいのか、尊厳とは何か、という深いテーマにもかかわってくる課題といえます。

施設だけでなく訪問系サービスでも看取り対応が急務に

2006（平成 18）年の介護報酬改定から、施設での看取り対応について加算がつき、特別養護老人ホームや介護老人保健施設などで積極的に看取りを行う施設が増えました。

多職種と日頃から連携が行いやすい施設と比べて、在宅で看取りを行う場合、医師や看護師、リハビリテーション専門職と連携を行うための一体的な環境整備が必要です。今回の改正では、在宅での看取り体制がうまく機能するための見直しが進められており、看取り対応の整備が今後のポイントとなります。

ココが変わる！ 看取りに対応するための訪問系サービスの整備

訪問介護の特定事業所加算に新たに看取り対応の要件が加わる

2021年（令和3）の改正で見送られていた、訪問介護における看取りの取り組みに関する評価について、今回の改正では、特定事業所加算における重度者等対応要件に「看取り期の利用者への対応」を加えるという形で、新たに行われることになりました。

その際に、病院や訪問看護ステーションの看護師との連携によって24時間連絡がとれていること、必要に応じて訪問介護を行うことができる体制を整えていることなども、要件として満たすことが求められます。また、看取りに関する研修も行う必要があります。

訪問入浴介護における加算の新設

看取り期の利用者に対して、6割の事業所が入浴サービスを提供しているにもかかわらず、これまで報酬面での特別な評価がありませんでした。加えて、看取り期においては、入浴サービスに時間を要するため、それに配慮して「看取り連携体制加算」が新たに設けられました。病院などの医師・訪問看護師との連携が算定するうえで必須の要件となります。

ニーズの高い訪問看護を評価する動き

看取り期にある利用者を在宅で支え、中心的役割を担う訪問看護では、訪問看護師の行っているターミナルケアの内容が、医療保険におけるターミナルケアの内容と同じであることから、ターミナルケア加算の単位数が引き上げられました。

また、離島や中山間地域に住む利用者の死亡診断を行う際に、在宅での看取りの研修を受けた看護師が情報通信機器を使用して医師の補助を行った場合の「遠隔死亡診断補助加算」も新設されました。

ターミナルケアマネジメント加算の対象となる疾患の見直し

人生の最終段階における利用者の意向を適切に把握する役割を、ケアマネジャーが中心となって担っていくことに変わりはありません。今後さらに、自宅で最期を迎えたいと望んでいる利用者の意向を適切に把握し、尊重していくために、ターミナルケアマネジメント加算の対象疾患について、末期の悪性腫瘍の患者に限定されていたものから、医師が回復の見込みがないと診断した疾患に見直されました。

短期入所生活介護でも看取り対応の強化

短期入所生活介護は、在宅で看取り期を過ごす利用者や家族のレスパイト機能としてのニーズがありました。こうしたニーズをふまえ、レスパイト機能を果たしつつ、利用者へサービス提供を行った場合に算定できる、「看取り連携体制加算」が新設されました。

看取り期における対応方針を事前にしっかりと利用者や家族に説明し、同意を得ていることや、施設内の看護職員の体制が要件どおり確保されていることが算定に際して必要となります。

看取り期における新設の加算

新設

短期入所生活介護に看取り連携体制加算

※死亡日および死亡日以前 30 日以下について、7 日を限度

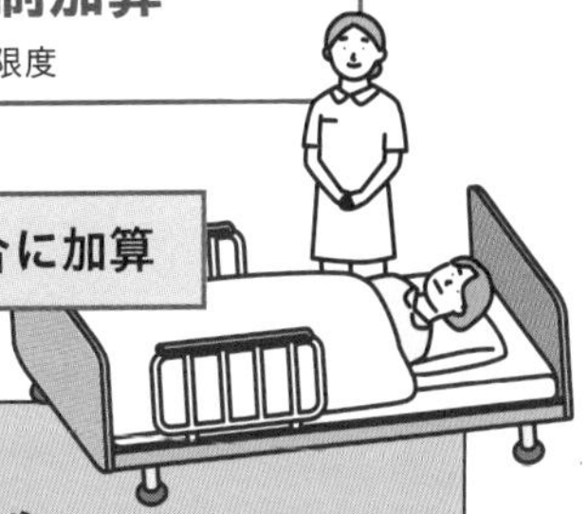

↓

看取り期の利用者にサービス提供した場合に加算

↓

【要件】

① 看護体制加算 (II) か (IV) イもしくは口を算定

② 看護体制加算 (I) または (III) イもしくは口を算定、かつ、事業所や病院などの看護職員との連携により、24 時間連絡体制の確保

③ 看取り期の対応方針を利用者や家族に説明、同意を得る

看取り期における意思決定支援

本人の意思確認 → 本人・家族、ケアチームとの話し合い → 本人の意思決定

意思確認できない場合

家族などが本人の推定意思を尊重
医療・ケアチームなどが最善の方針を慎重に判断

↓

人生の最終段階における医療・ケアの方針決定 → 繰り返し話し合う → （本人の意思確認へ戻る）

決定が困難な場合など

複数の専門家と話し合いの場を設置
方針の検討や助言

ポイント 9

介護職員の処遇改善

注目ポイントはココ！

- ☑ 従来の 3 つの処遇改善に関する加算を一本化し、4 段階に整理し直す
- ☑ 2024 年度に 2.5%、2025 年度に 2.0% のベースアップへつながるように加算率の引き上げを行う
- ☑ 事業所内で賃金の柔軟な職種間配分が可能
- ☑ 月額賃金の改善に関する要件、職場環境等の要件見直し

なぜ？ 改正の背景 処遇改善に関する加算のより円滑な算定

取得に積極的でない介護施設・事業所が一定数ある現状をふまえた改善策

処遇改善に関する加算については、国としても人材不足を解消し、ベースアップを行い、職場の環境をよくするために、事業者の積極的な活用を期待していたものでした。

ところが、ふたを開けてみると、加算を取得する際の事務手続きの煩雑さや、職員にバランスよく配分することの難しさがありました。さらに利用者の自己負担にもかかわってくる点から、一定数の介護施設・事業所で、取得率が意図したほど伸びないという憂慮すべき状況が続き、課題視されてきました。特に、2019（令和元）年に創設された特定処遇改善加算は、経験のある介護職員の処遇改善に重点をおいていましたが、取得率は 7 割程度に踏みとどまっている状況でした。

そこで今回、事業者が加算を取得しやすくするために、介護職員処遇改善加算、介護職員等特定処遇改善加算、介護職員等ベースアップ等支援加算と 3 つに分かれていた加算をシンプルに一本化して、新たに「介護職員等処遇改善加算」としました。

これにより、職員の安定的な確保、技能や経験のある職員の充実、職員の昇給のしくみの充実と資質向上、ひいては待遇改善・ベースアップへと結びつけるのがねらいです。

処遇改善加算を賃金改善にあてるしくみと一本化のメリット

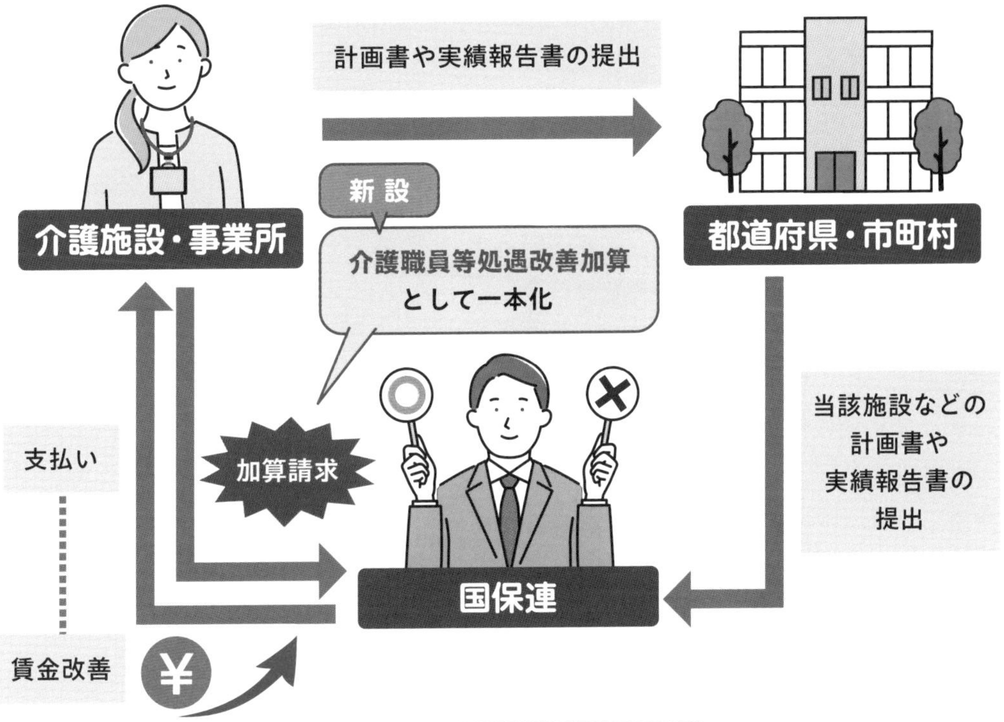

一本化によるメリット

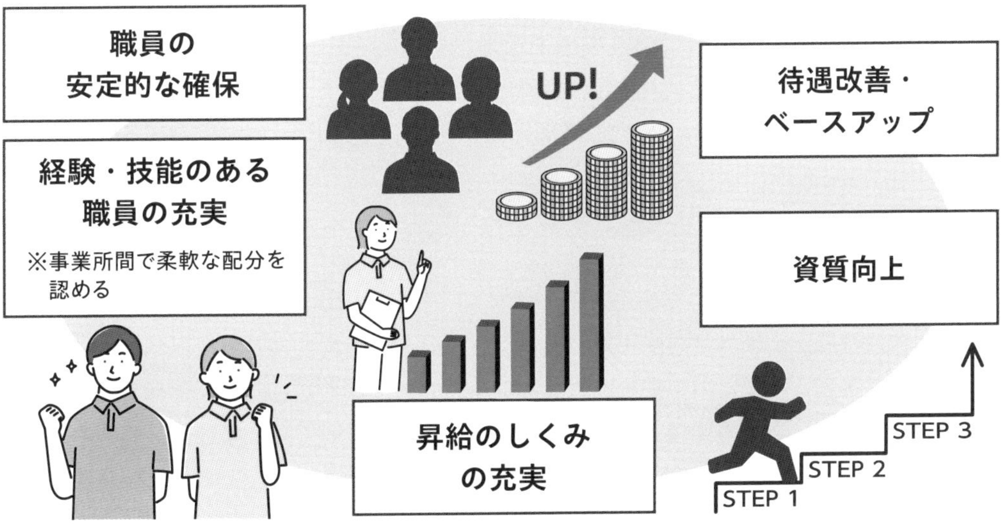

ココが変わる! 3つの加算を一本化し、取得しやすくシンプルに

一本化された介護職員等処遇改善加算を新設

従来の3つの加算を4段階の「介護職員等処遇改善加算」として一本化することで算定しやすくしました。事務的な負担も軽減し、算定要件も整理され、わかりやすくなります。これにより加算も取得しやすく、新たな人材の参入や、人材の定着も目指しています。適用には1年間の経過措置期間が認められます。

職種間の賃金配分は事業所の裁量で行える

基本的には従来どおり、介護職員への配分を基本とします。特に経験と技能をもつ職員に対して重点的に配分することが求められますが、職種に着目した配分ルールは、特段設けられておらず、事業所の裁量に任せられています。

新たな「介護職員等処遇改善加算」の配分方法においては、Ⅰ～Ⅳのどの区分を算定していても、区分Ⅳの加算額の2分の1以上を月額賃金の改善にあてることが、要件とされます。ただし、今まで介護職員等ベースアップ等支援加算を取得していなかった事業所が、新加算を算定する場合は、従来のベースアップ等支援加算に相当する加算額の3分の2以上を月額賃金としてあてることが要件となってきます。

職場環境等の要件見直し

職場環境等の要件としては、従来どおり①研修の受講支援などキャリアアップに向けた取り組み、②ICTの活用などを通じた生産性向上のための取り組み、③入職促進に向けた取り組み、④両立支援・多様な働き方の推進、⑤腰痛を含む心身の健康管理、⑥やりがい・働きがいの醸成についての取り組みが実施されていることが必要です。

さらに今回の改正により、2025（令和7）年度以降は、以下のことが求められます。介護職員等処遇改善加算Ⅰ・Ⅱは上記の①～⑥ごとに取り組み内容を2つ以上(②は3つ以上)、Ⅲ・Ⅳは、1つ以上（②は2つ以上）行うことが必要です。

- ①のキャリアアップにユニットリーダー研修、ファーストステップ研修の受講支援が追加
- ②の生産性向上に向けて、厚生労働省が出している「生産性向上ガイドライン」に基づいた、業務改善のための委員会やプロジェクトチームの立ち上げ、外部の研修会の活用。その他、現場の課題の見える化、各種委員会の共同設置、各種指針・計画の共同策定、物品共同購入などの事務処理部門の集約など

介護職員等処遇改善加算に一本化

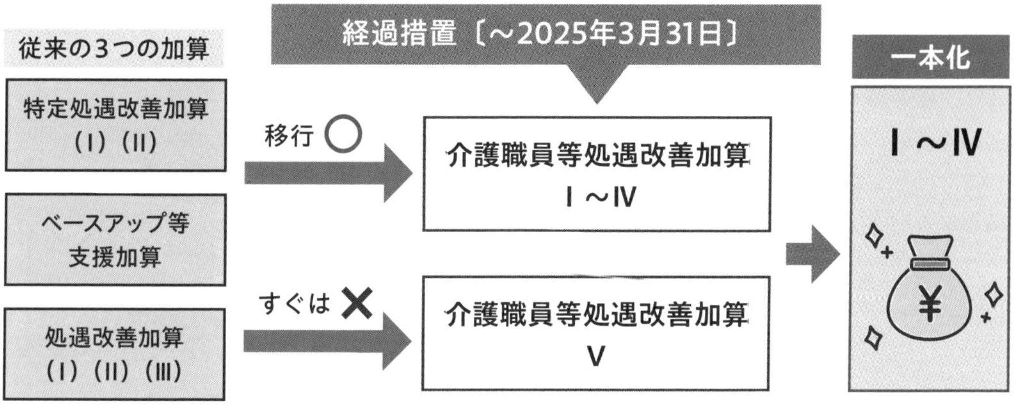

介護職員等処遇改善加算の算定要件

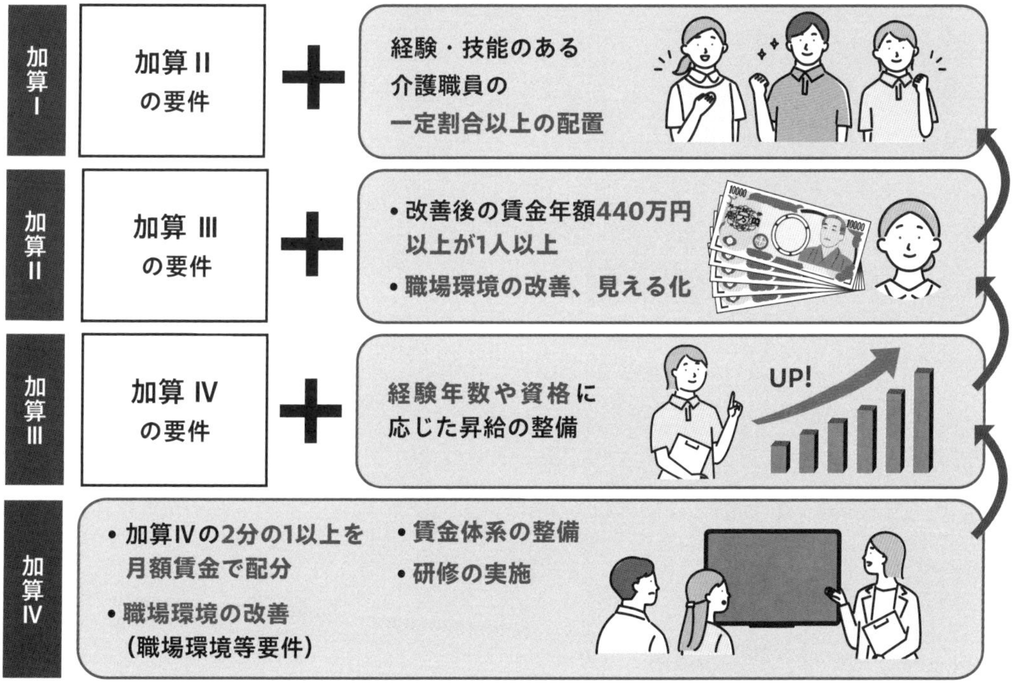

ポイント10

自立支援と重度化防止への対応

注目ポイントはココ！

- ☑ 通所介護の入浴介助加算に新たな区分
- ☑ 個室ユニット型施設の管理者にユニットケア施設管理者研修の受講を義務づけ
- ☑ 介護老人保健施設における在宅復帰・在宅療養支援などの評価指標や要件の見直し
- ☑ 介護老人保健施設におけるポリファーマシーの解消に向けたさらなる動き
- ☑ LIFE に関連する諸加算の見直し
- ☑ ADL 維持等加算・排せつ支援加算・褥瘡マネジメント加算の見直しによる、アウトカム評価の充実化

なぜ？ 改正の背景　超高齢社会に向けた自立支援の視点

重度化を防ぐために、介護保険法の根幹である自立支援に立ち返る

疾患などにより介護が必要になった人に対して、その人の尊厳を守りながら、もっている能力に応じて、自立した日常生活を営むのに必要なサービスを提供することが大切となります。サービス提供の際に目標となるのは、利用者の自立支援と状態が悪化しないための支援を行うことです。利用者の「本来こうありたい」という思いを、身近にいる専門職が引き出し、それを実現するためにふさわしい自立支援を行っていくことが重要です。

この視点が、介護保険法の基本でありケアの根幹であることはいうまでもなく、自立支援という原点に立ち返る論点も 2021（令和 3）年の改正時から論議・検討され、取り組まれてきたことでした。

今回の改正でも原点に立ち返って、新たな取り組みとして多職種連携の強化や、根拠に裏づけされた支援を提供していくために、LIFE などデータの活用が推進されることになります。

ココが変わる! 自立支援に結びつく取り組みを積極的に評価

通所介護における入浴介助加算を見直し

通所介護（地域密着型、認知症対応型を含む）では入浴介助は欠かせないケアですが、自立支援の視点を取り入れた介助を行うには、専門性とそれに伴う技術が必要です。そのため、入浴介助にあたる職員に対して研修を行うことが「入浴介助加算Ⅰ」の算定要件に新たに義務づけられました。

また、「入浴介助加算Ⅱ」の従来の算定要件は、医師等による、利用者宅の浴室の環境評価・助言となっていましたが、今回の改正では新たに、医師等の指示のもと介護職員が医師等の代わりに訪問できるようになり、ICTなどを活用して、医師等のアドバイスを受けながらアセスメントを行うことも可能となりました。

通所介護における入浴介助加算の要件見直し

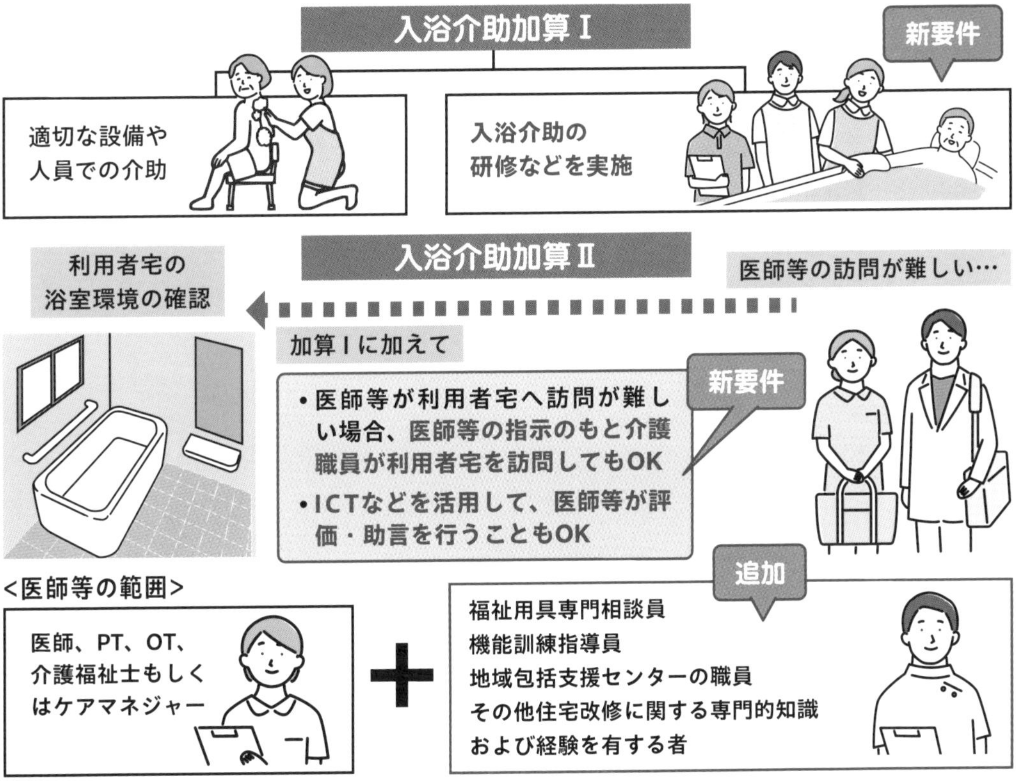

介護老人保健施設における在宅復帰・在宅療養支援の評価指標を見直し

今後ますます在宅と施設を結ぶ中間施設として機能していくことが期待される介護老人保健施設において、重要なのは在宅復帰です。今回の改正では、評価指標および要件について以下の見直しが行われました。

- 入所前後の訪問指導の割合に関する指標や、退所前後の訪問指導の割合に関する指標において、それぞれの区分の基準を引き上げる
- 支援相談員の配置割合として社会福祉士が配置されていることを評価する

かかりつけ医連携薬剤調整加算の見直し

介護老人保健施設でポリファーマシー解消のため、かかりつけ医連携薬剤調整加算の見直しが行われ、新たに、加算（Ⅰ）にロの区分が設けられます。また、退所時に、薬を１種類以上減薬（入所時との比較）できた場合も加算Ⅲの区分で評価されます。

かかりつけ医連携薬剤調整加算（Ⅰ）イ　（見直し）	入所前の主治医と連携して薬剤を評価・調整した場合に、高く評価
かかりつけ医連携薬剤調整加算（Ⅰ）ロ（新設）	入所前に６種類以上の内服薬処方のあった利用者に、施設で薬剤を評価・調整した場合に評価
かかりつけ医連携薬剤調整加算（Ⅱ）（見直し）	上記の加算（Ⅰ）イとロを算定している前提で、服薬情報を LIFE に提出した場合に評価
かかりつけ医連携薬剤調整加算（Ⅲ）	退所時に、薬を１種類以上減薬（入所時との比較）できた場合に評価

LIFEに関連する諸加算の見直し

科学的介護推進体制加算における入力については、負担感があるなどさまざまな意見があり、それを軽減するために、入力項目の定義の明確化や、他の加算と共通する項目の選択肢が統一されるようになりました。

また、同一の利用者に複数の加算を算定する場合、一定の条件下でデータを提出するタイミングが統一できるようになりました。さらに、LIFE へのデータ提供の頻度について、少なくとも「6か月に１回」から「3か月に１回」に見直されました。

ADL維持等加算、排せつ支援加算、褥瘡マネジメント加算については見直しを行い、アウトカムをさらに充実させることが必要です。

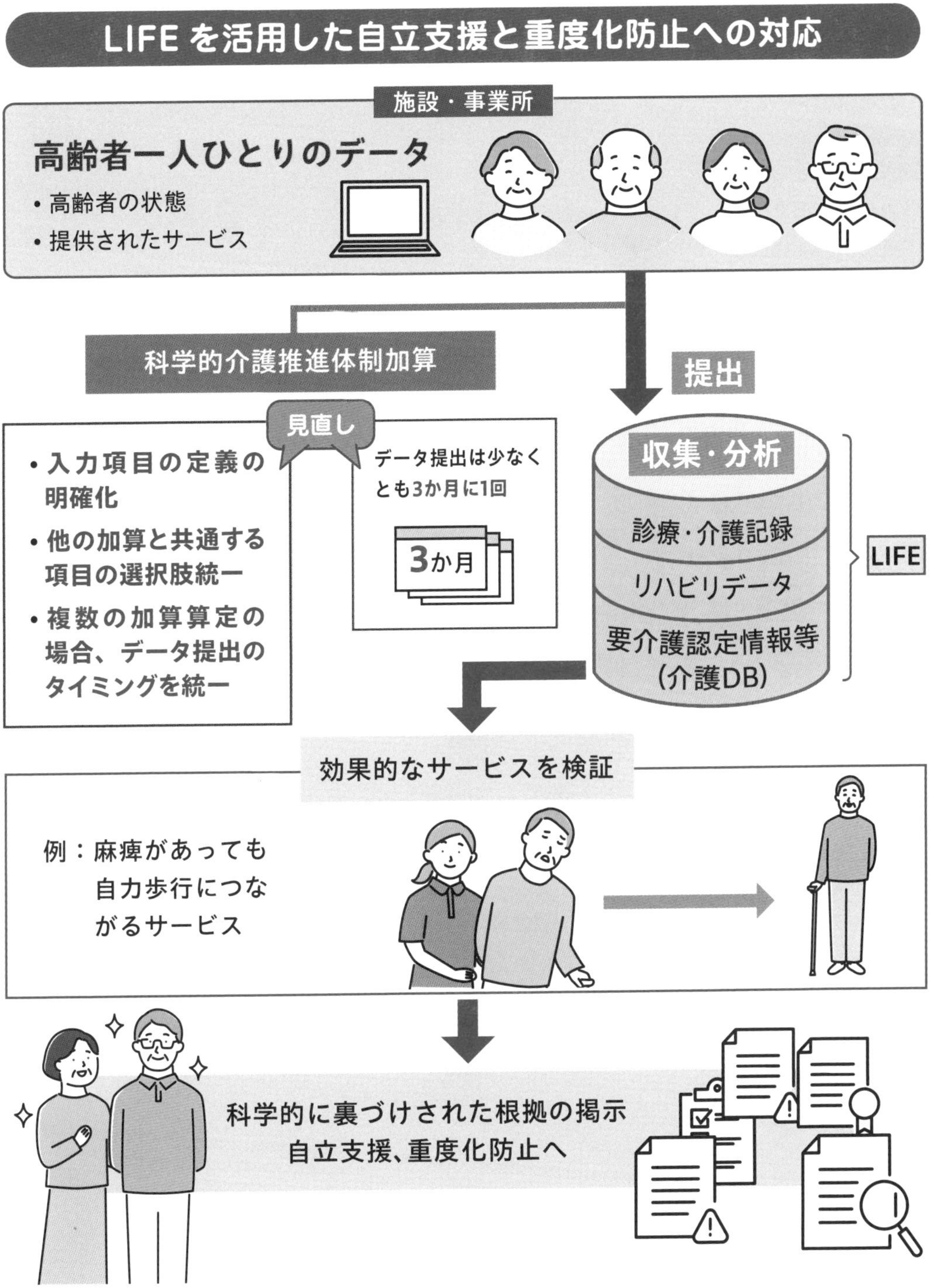
LIFEを活用した自立支援と重度化防止への対応
施設・事業所
高齢者一人ひとりのデータ
• 高齢者の状態
• 提供されたサービス
科学的介護推進体制加算
提出
見直し
• 入力項目の定義の明確化
• 他の加算と共通する項目の選択肢統一
• 複数の加算算定の場合、データ提出のタイミングを統一
データ提出は少なくとも3か月に1回
3か月
収集・分析
診療・介護記録
リハビリデータ
要介護認定情報等（介護DB）
LIFE
効果的なサービスを検証
例：麻痺があっても自力歩行につながるサービス
科学的に裏づけされた根拠の掲示
自立支援、重度化防止へ

ポイント11

医療と介護の連携推進

注目ポイントはココ！

- ☑ 介護老人保健施設における総合医学管理加算の見直し
- ☑ 療養通所介護に重度者ケア体制加算を新設
- ☑ 訪問リハビリテーション、通所リハビリテーションは、医療機関が作成したリハビリテーション実施計画書の受け取りを義務化
- ☑ 特別養護老人ホーム、地域密着型特別養護老人ホームにおける配置医師緊急時対応加算に新たな区分
- ☑ 特定施設入居者生活介護の入居継続支援加算の見直し
- ☑ 認知症対応型共同生活介護（グループホーム）での医療連携体制加算の見直し
- ☑ 高齢者施設などと医療機関の連携体制構築（運営基準・評価の見直しなどを実施）

なぜ？改正の背景　在宅・施設における医療ニーズの対応と連携力強化

複合化したニーズをもつ要介護者に対して医療・介護の連携体制を整備

医療と介護の複合化したニーズをもつ要介護者に対して、医療と介護の連携体制の整備が以前より求められてきました。特にコロナ禍では、施設内でクラスターが発生したときに、十分な療養体制が整備されていなかったため、軽症でも入院を余儀なくされました。逆に入院が必要なケースでも、受け入れ可能な医療機関が見つからないという問題も生じました。

さらに病状が回復したとしても、自宅や施設に退院した後の療養体制が整備されていなかったことから、入院が長期化して病床がひっ迫したりもしました。

そうした経緯をふまえ、日常的に医療と介護の連携が推進されるように、国は今後も加算や新たな評価などを設けて、体制づくりに注力していくことになります。

ココが変わる!　医療との連携に新たな評価

短期入所療養介護における総合医学管理加算の見直し

総合医学管理加算は、介護老人保健施設などで医療ニーズのある利用者の受け入れを促すために、2021（令和3）年の介護報酬改定で創設された加算ですが、算定が伸び悩んでおり、今回要件が新たに緩和されました。緩和により、居宅サービス計画において計画的に行うことになっている指定短期入所療養介護も加算の対象となり、算定日数も7日から10日を限度に変更となりました。

医療機関のリハビリテーション実施計画書の受け取りが義務化

訪問リハビリテーション、通所リハビリテーションは、入院中にリハビリテーションを受けた医療機関から実施計画書を受け取ることが義務化されました。また、理学療法士などのリハビリテーション専門職が退院前カンファレンスに参加し指導を行った場合、新たに「退院時共同指導加算」が算定できるようになりました。

医療機関とリハビリテーション専門職の連携

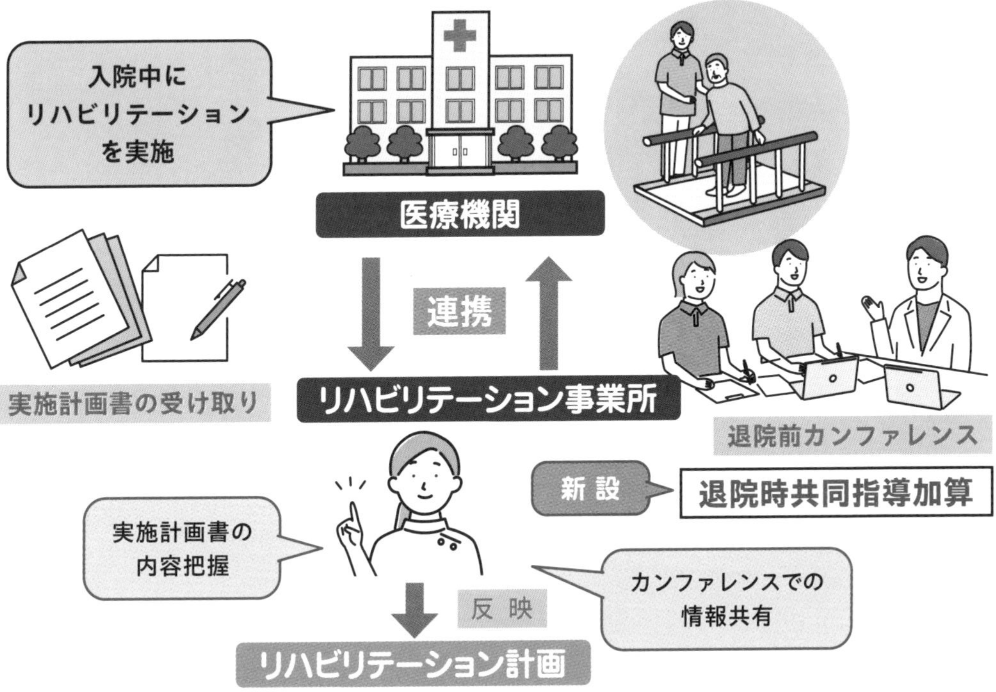

療養通所介護に重度者ケア体制加算を新設

おもに中重度の利用者を対象とする療養通所介護は、介護度にかかわらず一律の包括報酬でした。しかし、重度の利用者を受け入れる場合、人員の確保や管理体制が必要となるため、安定的に重度の利用者へサービスが提供できるように「重度者ケア体制加算」が新設されました。また､中重度者が必要に応じて利用しやすくなるように、基本報酬に「短期利用療養通所介護費」の区分も新設されました。

配置医師緊急時対応加算に新区分と送迎加算の評価

特別養護老人ホームや地域密着型特別養護老人ホームでは、早朝・夜間・深夜のみに限られていた配置医師緊急時対応加算について、日中時間の緊急時にも適用するため、「配置医師の通常の勤務時間外の場合」（325 単位／回）という区分が新設されました。また、透析が必要な利用者で、家族や病院による送迎が難しい場合、職員が月 12 回以上送迎を行うと新たに「特別通院送迎加算」として評価されます。

介護老人保健施設での所定疾患施設療養費の見直し

利用者に適切な医療を提供する観点から、介護老人保健施設での疾患の発症・治療状況をふまえたうえで、所定疾患の対象に慢性心不全の増悪が追加されました。

グループホームでの医療連携体制加算の見直し

医療連携体制加算において、医療的ケアが必要な利用者の受け入れについて適切な評価を行うために、受け入れ要件に医療的ケアの種類（留置カテーテル、インスリン注射）が追加されました。

特定施設入居者生活介護等における医療的ケアの推進

入居継続支援加算の対象となる医療的ケアの範囲に、尿道カテーテルの留置や在宅酸素療法、インスリン注射を実施している状態の人が追加されました。

施設における協力医療機関との連携体制構築

特別養護老人ホームや介護老人保健施設をはじめとする介護保険施設や、高齢者施設で、対応可能な医療の範囲を超えた場合、医療機関との連携強化を図るために、運営基準や評価の見直しが行われました。

高齢者施設などと医療機関の連携体制

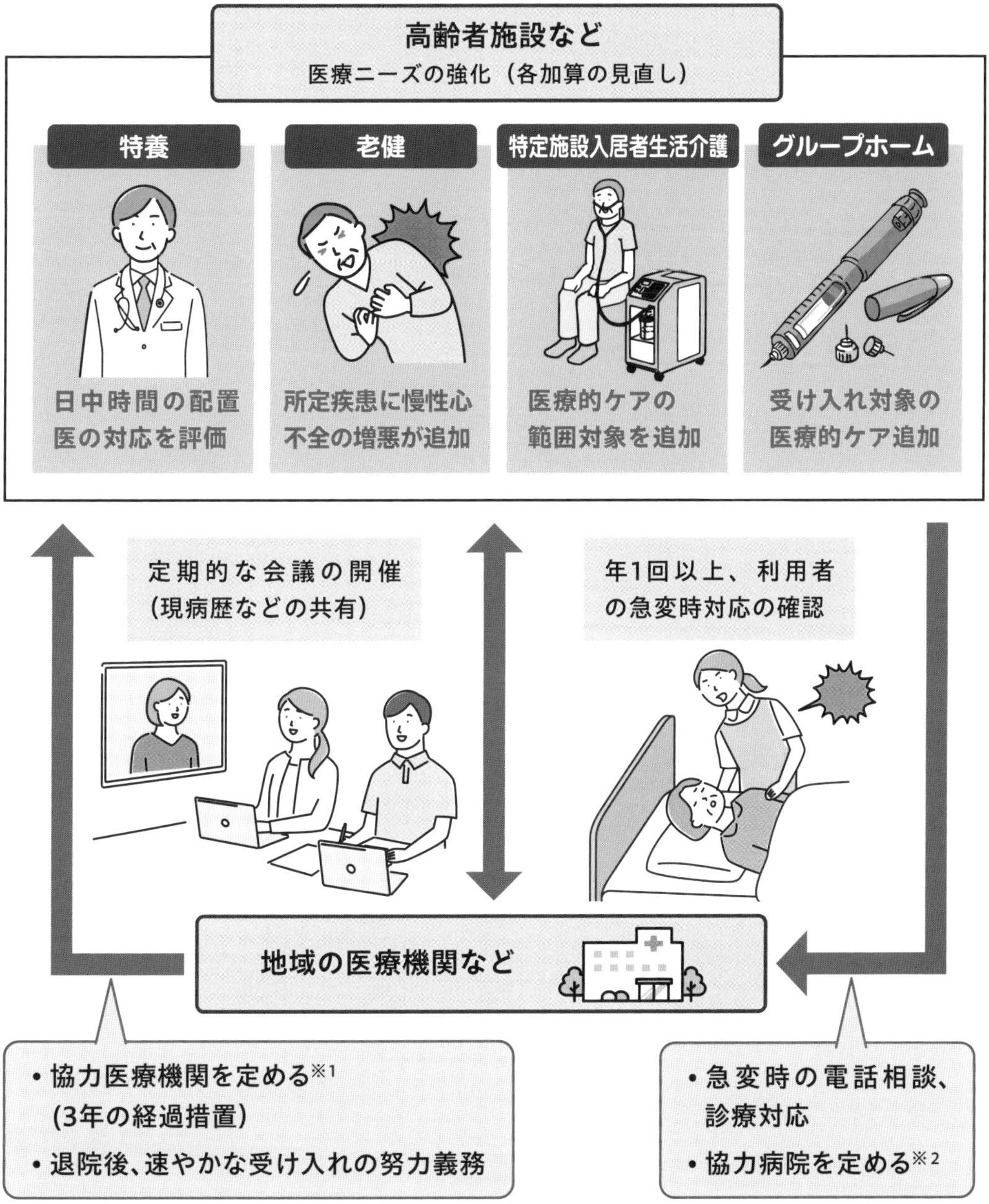

※1（地域密着型）特定施設入居者生活介護、グループホームは努力義務
※2 介護保険施設のみ

第2章

2024年はココが変わった！
サービス別　報酬・基準改正

1 居宅介護支援

ココをチェック! **負担軽減が求められるなか、業務の効率化がカギになる**

- ☑ 基本報酬の引き上げと特定事業所加算の見直し
- ☑ 情報通信機器を利用したモニタリングが可能に
- ☑ ターミナルケアマネジメント加算の見直し
- ☑ 入院時と通院時の情報連携加算の見直し
- ☑ ケアプラン作成にかかる「主治の医師等」の明確化
- ☑ 公正中立性の確保のための取り組みの見直し
- ☑ ケアマネジャーが取り扱う１人あたりの利用者数の変更
- ☑ 同一建物に居住する利用者のケアマネジメントが減算

基本報酬は限定的なプラス影響

居宅介護支援の基本報酬は、居宅介護支援Ⅰ（ⅰ）の要介護1または2が10単位増、要介護3，4または5が13単位増で改定率が0.9%となっています。また、処遇改善加算の創設は今回も実現しなかったため、ケアマネジャーの処遇改善策は別途検討する必要があるでしょう。

地域包括ケアシステムの深化・推進

1 特定事業所加算の見直し

質の高いケアマネジメントを行う体制を整えている居宅介護支援事業所は、特定事業所加算を算定できます。その算定要件として、「ヤングケアラー、障害のある人、生活困窮者、難病患者など、他制度に関する知識等に関する事例検討会、研修などに参加していること」が加わりました。ケアマネジャーは、ヤングケアラーをはじめ他制度の対象者を直接的に支援することはありませんが、同居者に複合的にこれらの問題が関連している場合があります。

基本報酬

居宅介護支援費Ⅰ

居宅介護支援費Ⅱを算定していない事業所

居宅介護支援費Ⅱ

指定居宅サービス事業所などとの間で居宅サービス計画にかかるデータを電子的に送受信するためのシステムの活用および事務職員の配置を行っている事業所

●居宅介護支援（ⅰ）

要介護1または要介護2	要介護3、要介護4、要介護5

【居宅介護支援費Ⅰ】 1,086単位 【居宅介護支援費Ⅱ】 1,086単位	【居宅介護支援費Ⅰ】 1,411単位 【居宅介護支援費Ⅱ】 1,411単位

●居宅介護支援（ⅱ）

要介護1または要介護2	要介護3、要介護4、要介護5

【居宅介護支援費Ⅰ】 544単位 【居宅介護支援費Ⅱ】 527単位	【居宅介護支援費Ⅰ】 704単位 【居宅介護支援費Ⅱ】 683単位

●居宅介護支援（ⅲ）

要介護1または要介護2	要介護3、要介護4、要介護5

【居宅介護支援費Ⅰ】 326単位 【居宅介護支援費Ⅱ】 316単位	【居宅介護支援費Ⅰ】 422単位 【居宅介護支援費Ⅱ】 410単位

介護予防支援費Ⅰ

地域包括支援センターが行う場合

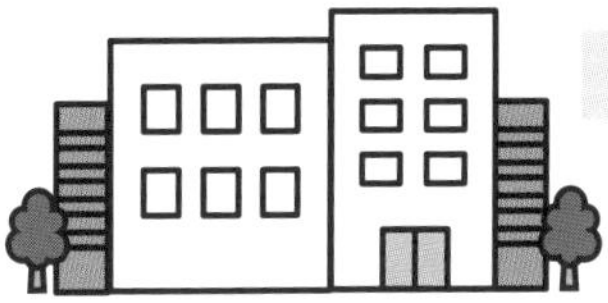

442単位

介護予防支援費Ⅱ

新設

指定居宅介護支援事業者が行う場合

472単位

2 介護予防支援を指定居宅介護支援事業者が行うケース

地域包括支援センターの業務負担を軽減するために、居宅介護支援事業者が市町村から指定を受けて介護予防支援を実施することができるようになりました。これに伴い、今後は居宅介護支援事業者と利用者が直接契約をすることができます。

介護保険だけでなく、市町村の総合事業にもかかわるため、地域によって状況が異なる部分もあると考えられます。

3 情報通信機器を活用したモニタリングの実施

ある調査によると、ケアマネジャーの1か月の労働時間のうち、7％が移動時間となっていました。いわゆるオンラインモニタリングの実施は、移動時間を削減するためにも非常に大きな意味をもちます。オンラインモニタリングはコロナ禍での実践を通じて利用者からの評価も高く、ケアマネジャーにとっては業務の効率化にも役立つものとなるでしょう。

ただし、オンラインモニタリングを実施するには主治医の合意が求められるなど、必要な要件も多く、注意が必要です。

4 ターミナルケアマネジメント加算の見直し

ターミナルケアマネジメント加算は、対象となる疾患を、末期の悪性腫瘍に限定していました。今回の改定では、自宅で最期を迎えたいと望んでいる利用者の意向を尊重する観点から、人生の最終段階における利用者の意向を適切に把握することを要件としたうえで、末期の悪性腫瘍以外の疾患での看取りも対象に含まれることになりました。

5 通院時情報連携加算の見直し

利用者の通院や医師の診察にケアマネジャーが同行すると加算となるのが、この通院時情報連携加算です。今回の改定では、歯科医院への診察に同行した場合も加算の対象に含まれることになりました。

指定居宅介護支援事業者が介護予防支援を行う場合の取り扱い

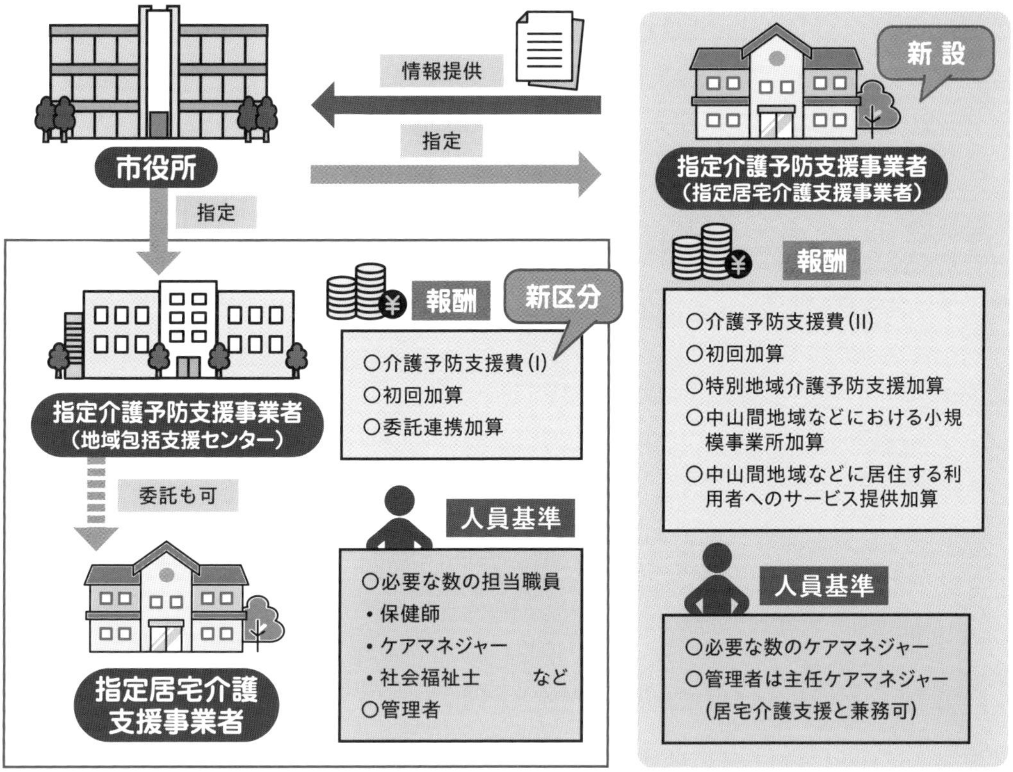

他のサービス事業所との連携によるモニタリング

6 入院時情報連携加算の見直し

従来は、担当する利用者が入院したときは、入院してから３日以内、もしくは４日以上７日以内に、入院先の職員に対して利用者にかかる必要な情報を提供することとされていました。今回の改定では、入院したその日のうちか、入院当日に送れなくても３日以内には情報を提供するように見直されました。

自立支援・重度化防止に向けた対応

ケアプラン作成にかかる「主治の医師等」の明確化

退院後早期に介護保険のリハビリテーションを開始することを可能とする観点から、ケアマネジャーが居宅サービス計画に通所リハビリテーション・訪問リハビリテーションを位置づける際に「主治の医師等」に意見を求めることとされています。

ここでいう「主治の医師等」について、在宅の主治医だけでなく、入院中の医療機関の医師を含むことが今回、明確化されました。これにより、入退院の切れ目ないリハビリテーションが行われることとなります。

良質な介護サービスの効率的な提供に向けた職場づくり

ケアマネジャー1人あたりの取り扱い件数の上限変更

ケアマネジャーの人手不足は深刻化しています。それに伴い、ケアマネジャー１人あたりの取り扱い件数の上限が変更になりました。

また、情報通信機器の活用もしくは事務員配置などによる業務の効率化という要件が見直され、ケアプランデータ連携システムを活用し、なおかつ事務職員を配置すれば、居宅介護支援費Ⅱ（ⅰ）で最大49件までを取り扱うことが可能となります。

また、要支援の利用者に関しては、これまで１件を２分の１件と換算していましたが、今回の改定からは３分の１件として換算することとなりました。

制度の安定性・持続可能性の確保

同一建物に居住する利用者へのケアマネジメント

今回の改定から、同一建物に居住する利用者へのケアマネジメントでは、所定単位数の95％を算定することになりました。訪問介護などではすでに導入されているものですが、居宅介護支援においても移動時間が削減されることから、基本報酬は減算されます。

入院時情報連携加算のとらえ方

入院時情報連携加算Ⅰ　250単位／月

見直し　要件：入院当日のうちに情報提供

☆…入院　★…入院（営業時間外）　→ 情報提供

• 入院日以前の情報提供を含む。
• 営業時間終了後または営業日以外の日に入院した場合は、入院日の翌日を含む。

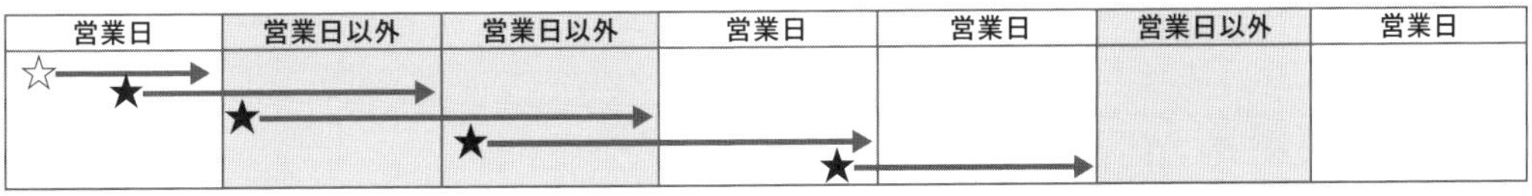

入院時情報連携加算Ⅱ　200単位／月

見直し　要件：入院した日の翌日または翌々日に情報提供

☆…入院　★…入院（営業時間外）　→ 情報提供

• 営業時間終了後に入院した場合であって、入院日から起算して3日目が営業日でない場合は、その翌日を含む。

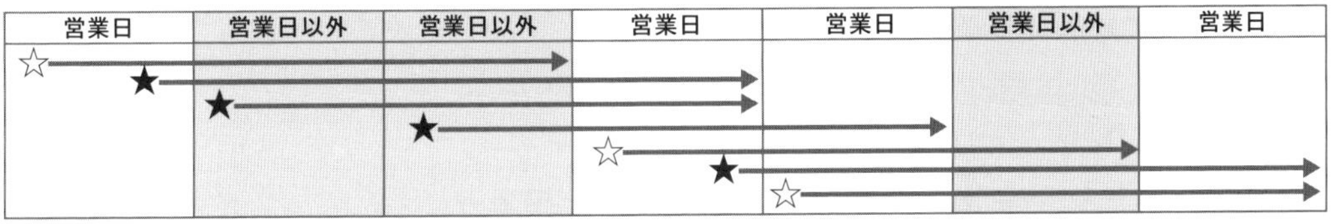

ケアマネジャー1人あたりの取り扱い件数（居宅介護支援費Ⅱ）

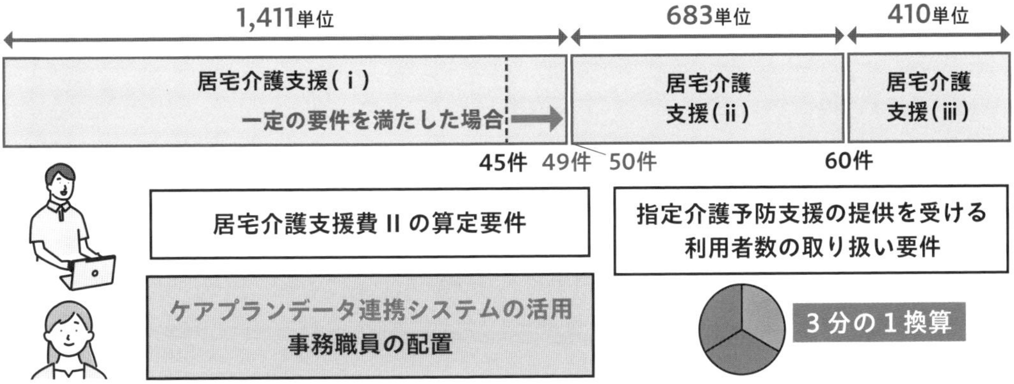

2

訪問介護

ココをチェック! **訪問介護事業所の経営そのものが問い直される**

- ☑ 基本報酬の引き下げ
- ☑ 処遇改善加算の一本化により、加算率は最も高いもので 24.5%に
- ☑ 口腔連携強化加算の新設と同一建物等に居住する利用者への減算
- ☑ 特定事業所加算の見直し

訪問介護事業所の経営への影響

1 基本報酬が2%～3%マイナスに

2021（令和3）年度の介護報酬改定では、基本報酬が微増にとどまった訪問介護ですが、2024（令和6）年の改定では2%～3%引き下げられました。小規模であっても地域のニーズに対応して良質なサービスを行っている事業所にとって、経営の存続を左右する厳しい削減となっています。

2 処遇改善加算の一本化で煩雑な事務手続きが簡略化

従来３種類（介護職員処遇改善加算、介護職員等特定処遇改善加算、介護職員等ベースアップ等支援加算）あり、取得のための要件も含め、事務手続きが煩雑であった処遇改善加算を一本化し、Ⅰ～Ⅳに整理し直したうえで、加算を取りやすいように一定の配慮がなされました（**p.37 参照**）。訪問介護においては、一本化後は、最上位のⅠを取得すると24.5%の高い加算率となります。

3 口腔連携強化加算の新設と同一建物等に居住する利用者への減算

すでに施設などでは、歯科専門職との連携により、フレイル予防や誤嚥性肺炎予防につなげることが重要視されていますが、今回訪問介護にも初めて歯科専門職との連携に関する「口腔連携強化加算」が新設されました。

また、事業所と同一建物等に居住する利用者へのサービス提供については、これまであった減算内容に加え、「12%減算」に関する新たな区分が設けられました。

基本報酬

❶身体介護

20分未満	20分以上30分未満	30分以上1時間未満	1時間以上1時間30分未満	以降30分ごと

163単位	244単位	387単位	567単位	82単位

❷生活援助

20分以上45分未満	45分以上	身体介護+生活援助

179単位	220単位	65単位

❸通院等乗降介助

97単位

同一建物等に居住する利用者へのサービス提供

新設

12%減算

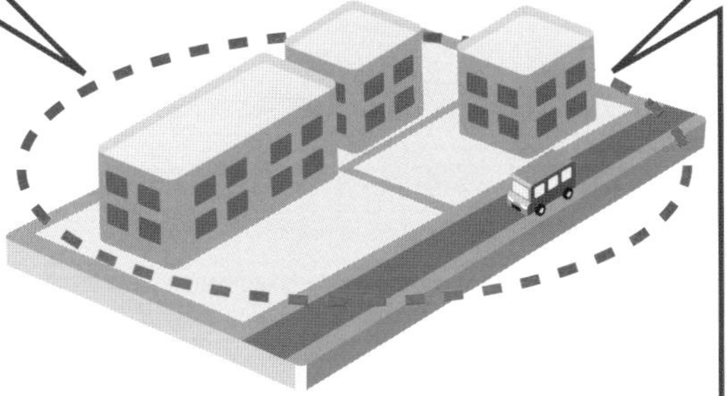

要件

1か月の利用者が**50人以上**の場合は除く

要件

前6か月間に提供したサービスの提供総数のうち、事業者と同一建物等に居住する利用者の割合が**9割以上**

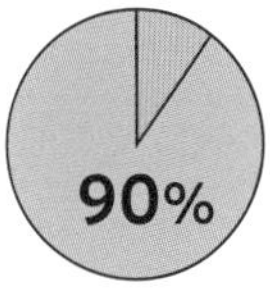

4 特定事業所加算の新区分と変更点

今まで特定事業所加算Ⅰの算定要件をすべて満たしていても、Ⅱまでしか取得していなかった事業者が多くありました。その背景には、利用者・家族の意向を汲んだケアマネジャーからサービス事業所として選んでもらうために、利用者負担が跳ね上がるのを回避したいという理由がありました。今後は積極的に最上位加算であるⅠを取り、なおかつ選ばれる事業者になるための努力が必要であり、抜本的に経営を見直す契機になるかもしれません。

今回の改定では、重度者等対応要件における看取り対応の追加や要介護３～５などの要件の削除、体制要件における医療との連携、中山間地域の利用者への継続的支援などを評価するための見直しが行われました。

また、取得率の低かった旧加算Ⅳを廃止して、従来のⅤをⅣにし、Ⅴの区分が新設されました。

人員配置基準や運営基準の見直し

治療と仕事の両立支援への配慮から人員配置基準の見直しが行われました。運営基準においては、業務継続計画（BCP）の策定、高齢者虐待防止の実施、身体的拘束などの適正化の措置などが行われていない場合は、基本報酬が減算となります。また、「書面掲示」規制の見直し（2025（令和７）年度から義務化）により、ウェブサイトにも運営規定などの重要事項の情報掲示が求められるようになります。

これってどうして？ Q&A

Q 訪問介護の基本報酬はなぜ下がった？

A 訪問介護の収支が、他のサービスと比較して高かったため

2022（令和４）年度の介護事業経営実態調査で出た収支差率において、訪問介護の収支のみが他のサービスに比べ突出して高かったことが影響しています。しかしながら現実には、地域でサービスを提供する中小規模の事業所の収益率は低いのが現状です。大手事業所との格差や、収益性の高い集合住宅へサービスを提供している事業所との格差もあり、収支を一律に出すことへの疑問も提起されています。

訪問介護における特定事業所加算の見直し

特定事業所加算の内訳

加算Ⅰ	加算Ⅱ	加算Ⅲ	加算Ⅳ（区分変更）	加算Ⅴ（新設）
20%	10%	10%	3%	3%

※%は所定単位数における加算の割合

体制要件

統合

(1)研修計画の作成者にサービス提供責任者を追加

加算：Ⅰ～Ⅴ

新設

(6)看護師との連携による、看取り体制などの整備

加算：Ⅰ・Ⅲ

新設

(7)中山間地域などに居住する利用者への継続的なサービス提供

加算：Ⅴ

新設

(8)ケアマネジャーや医療職とともに訪問介護計画の見直しを行う

加算：Ⅴ

人材要件

区分追加

(11)　常勤のサービス提供責任者の配置

加算Ⅲ・Ⅳに

(12)　7年以上勤める訪問介護員などが3割以上

加算Ⅳに加えⅢも

重度者等対応要件

新設

(14)看取り期の対応実績が1人以上で、体制要件の（6）を満たしている

加算：Ⅰ・Ⅲ

※加算Ⅰ・Ⅲは、重度者等対応要件を選択式とし、(13)または(14)を満たす場合に算定可能

3

訪問入浴介護

ココをチェック! **経営の厳しい訪問入浴介護の事業継続性に一定の配慮**

- ☑ 基本報酬の引き上げ
- ☑ 看取り連携体制加算の新設
- ☑ 業務継続計画（BCP）未策定の事業所への減算が適用
- ☑ 認知症専門ケア加算の要件見直し

基本報酬の引き上げや看取り対応体制の評価

1 基本報酬は6単位アップ

基本報酬は１回あたり６単位の引き上げとなりました。通所介護が利用できずに、入浴が難しくなった利用者へのサービスが若干増えたコロナ禍を除き、収益が低迷し続けてきた訪問入浴介護に対して、経営の持続性を鑑みて一定の配慮がなされました。

2 看取り対応体制を新たに評価

看取り期における在宅生活では訪問入浴介護のニーズが高く、入浴を行う職員の専門性が求められます。また、医師・訪問看護師などの多職種との連携体制も推進することを目的に、新たに「看取り連携体制加算」が設けられました。

3 BCP未策定の場合の新たな減算

業務継続計画（BCP）の策定は、2024（令和６）年４月より義務化されました。計画策定を徹底するため、感染症もしくは災害のいずれかまたは両方のBCPが未策定の場合、基本報酬が減算されます（2025（令和７）年度までの経過措置期間あり）。

4 認知症専門ケア加算の見直し

認知症専門ケア加算について、認知症のある高齢者の重症化緩和や認知症高齢者の日常生活自立度Ⅱの利用者に対する専門的ケアを評価することを目的に、加算Ⅰは利用者の受け入れに関する要件が日常生活自立度Ⅱ以上の利用者に見直されました。

基本報酬

1,266 単位

介護予防の場合

856 単位

訪問入浴介護における加算の新設と要件見直し

●看取り期の利用者へのサービス提供

他職種との連携体制
（医師・訪問看護師など）

新設

看取り連携体制加算

64単位/回

※死亡日および死亡日以前の30日以下に限る

●認知症専門ケア加算の要件　見直し

①利用者の割合

Iの場合

日常生活自立度II以上の利用者

2分の1以上

IIの場合

日常生活自立度III以上の利用者

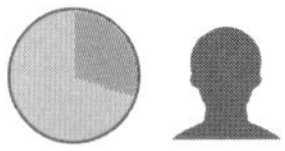

100分の20以上

②研修修了者の配置

Iの場合

認知症介護実践リーダー研修等修了者を日常生活自立度II以上の利用者の数に応じて配置

IIの場合

Iの要件＋認知症介護指導者養成研修修了者を1名以上配置し、指導などを実施

③専門的な認知症ケアの実施

Iの場合

日常生活自立度II以上の利用者に対して実施

IIの場合

日常生活自立度III以上の利用者に対して実施

④会議・研修などの実施

Iの場合

認知症ケアに関する留意事項の伝達または技術的指導にかかる会議の定期的な開催

IIの場合

Iの要件＋職種ごとの認知症ケアに関する研修計画を作成・実施（予定を含む）

※日常生活自立度は、認知症高齢者の日常生活自立度を指す

4 訪問看護

ココをチェック！　訪問看護の専門性の高さを評価

☑「医療ニーズの拡大」や「在宅での看取りの増加」に対応した加算の新設
☑ 無理のない 24 時間対応を維持継続できるよう、事業所の取り組みを後押し
☑ 訪問看護に求められる機能・役割への選択と集中を促す減算の導入

質の向上と持続可能性の確保

1 医療ニーズ拡大への対応と看護の質の向上

今回の改定における軸の１つが、利用者ニーズの変化に対応して、看護の質を高める取り組みです。具体的には、医療ニーズの拡大に対応できるように、緩和ケア・褥瘡ケア・人工肛門ケア・人工膀胱ケア・緊急時の対応などについて専門性を有する看護師が計画的な管理を行うことを評価する（専門管理加算の新設）とともに、ターミナルケア加算の単位数を引き上げました。また、病院から在宅への移行がスムーズにいくように、退院当日の訪問看護実施を促す見直しも行われました。

①専門管理加算

在宅で適切に医療処置を受けて暮らせる環境づくりが“待ったなし”の状況のなか専門性の高い看護師が訪問看護などにかかわり、計画的な管理を行った場合に算定できる、「専門管理加算」が新設されました。

②口腔連携強化加算

誤嚥性肺炎の予防と QOL 向上のため、事業所の職員が口腔の健康状態の評価を実施し、利用者の同意を得て、歯科医療機関やケアマネジャーに情報提供した場合に「口腔連携強化加算」が算定できることになりました。

③遠隔死亡診断補助加算

離島や中山間地域に住む利用者の死亡診断について、医師が診断を行うまでに長時間を要する場合に、情報通信機器を用いた在宅での看取りの研修を受けた看護師による医師の「リモート死亡診断」の補助を評価する加算です。診療報酬では、すでに 2022(令和 4) 年の改定で導入されており、同額の報酬が今回設定されました。

基本報酬

	20分未満	20分以上 30分未満	30分以上 1時間未満	1時間以上 1時間30分未満	PT、OT、ST による訪問
訪問看護	314単位	471単位	823単位	1,128単位	294単位
介護予防訪問看護	303単位	451単位	794単位	1,090単位	284単位

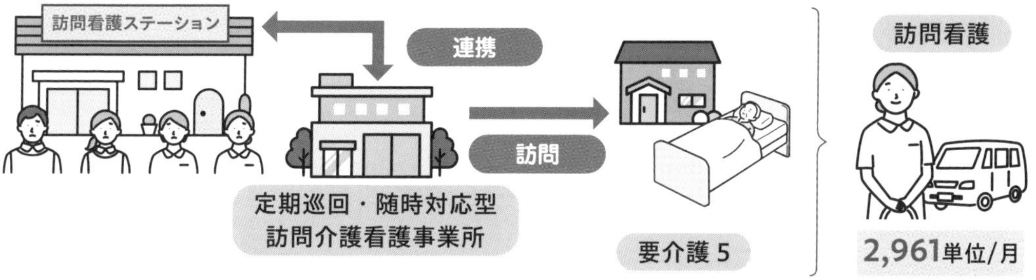

2,961単位/月

訪問看護における新設の加算

新設　専門管理加算

〈要件〉

緩和ケア、褥瘡ケア、人工肛門ケア、人工膀胱ケアにかかる専門の研修を受けた看護師

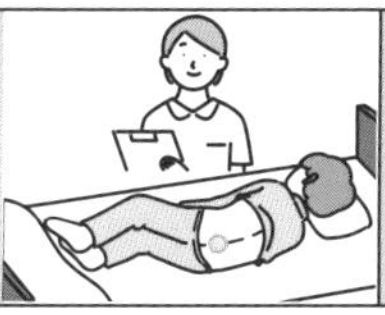

特定行為研修を修了した看護師

これらの看護師が訪問看護に関する計画的な管理を行う

250単位/月

新設　口腔連携強化加算

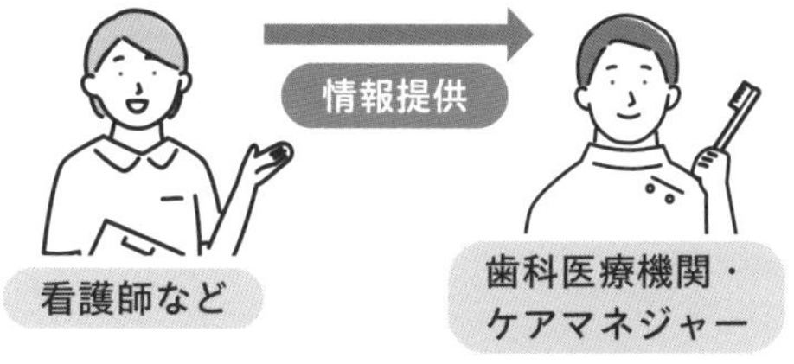

50 単位／月（1 月に 1 回限り）

新設　遠隔死亡診断補助加算

離島・
山間部・
過疎地域

150単位／月

2 現場の負担軽減および「選択と集中」

もう１つの軸は、限られた人的資源で拡大する医療ニーズに対応していくための、現場の負担軽減および「選択と集中」です。

①緊急時訪問看護加算

勤務間インターバルなど雇用管理上の配慮やICT活用などによる業務負担軽減に取り組む事業所を後押しする評価区分が新設されました（緊急時訪問看護加算Ⅰ）。また、一部要件が緩和され、マニュアルの整備や連絡体制の確立を条件に、看護師・保健師以外でも24時間対応の電話受付を担当できるようになりました。

②退院時共同指導加算

指導内容の提供方法として、「メールなどによる伝達」も認められるようになりました（事前に本人などの同意を得る必要あり）。

③リハビリテーション専門職の訪問回数が過半を占める事業所などへの減算

一方で、訪問看護に求められる機能・役割への選択と集中を促す見直しも盛り込まれています。前年度の訪問回数が看護職よりもリハビリテーション専門職のほうが上回っている事業所、24時間対応や特別な医療的管理にかかる加算を算定していない事業所を対象に、新たな減算が導入されました。

3 その他

①ターミナルケア加算

介護保険の訪問看護におけるターミナルケアの内容が医療保険のターミナルケアと同様であることをふまえ、500単位引き上げられました。

②初回加算

より円滑な在宅への移行が果たされるように、看護師が「退院・退所当日に初回訪問すること」を評価する新たな区分が設けられ、単位数が引き上げられました。

リハビリテーション専門職の訪問回数が過半の事業所への減算

①緊急時訪問看護加算、特別管理加算、看護体制強化加算をいずれも算定していない

②前年度の訪問回数が、看護職員よりもリハ職のほうが多い

いずれかに該当すると……

PT、OT、STによる訪問看護1回につき、**8単位減算**

リハ職による介護予防訪問看護

開始 ― 開始後12か月まで ― 12か月 ― 開始後12か月を超えて実施

開始後12か月まで	開始後12か月を超えて実施
上記条件に該当して、1回あたり8単位減算	上記条件に該当して、1回あたり**15単位減算**

訪問看護における各加算の見直し

緊急時訪問看護加算

〈改定前〉
緊急時訪問看護加算

→ 緊急時訪問看護加算Ⅰ（新設）
→ 緊急時訪問看護加算Ⅱ（従来どおり）

加算Ⅰの要件
- 電話などでの常時相談体制の確保
- 緊急時に備えたマニュアルなどの整備

	訪問看護ステーション	病院・診療所
緊急時訪問看護加算Ⅰ	600単位/月	325単位/月
緊急時訪問看護加算Ⅱ	574単位/月	315単位/月

ターミナルケア加算

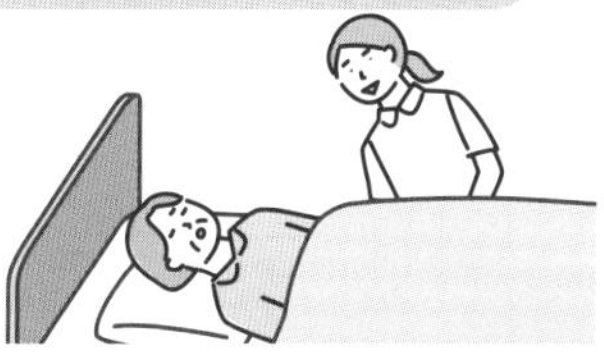

見直し 2,500単位／死亡月

初回加算

〈改定前〉
初回加算

→ 初回加算Ⅰ 350単位／月（新設）
退院・退所当日の訪問

→ 初回加算Ⅱ 300単位／月
従来の初回加算と同じ

5

居宅療養管理指導

ココをチェック! **利用者のニーズに応じた訪問やオンライン服薬指導の普及**

- ☑ 利用者のニーズに応じた頻回な訪問を評価、オンライン服薬指導の本格的な普及拡大
- ☑ デイサービスの利用者に対して「栄養食事指導」や「歯科衛生指導」も
- ☑ 医療的ケアの内容に見合う加算が２つ新設

薬剤師、管理栄養士、歯科衛生士の居宅療養管理指導を拡充

1 利用者のニーズに応じた「頻回な訪問」を評価

居宅療養管理指導は、算定可能回数が「月２回」または「月４回」と定められていますが、「麻薬注射剤を使用する場合」「医師が特別の指示を出した場合」「がん末期」といったケースで利用者の状態に応じた対応が可能なように、薬剤師・管理栄養士・歯科衛生士による訪問について算定可能回数などが見直されました。

2 「オンライン服薬指導」が、本格的な普及拡大モードに

情報通信機器を用いたオンライン服薬指導について、利用促進効果のある「対象拡大」「算定回数上限の引き上げ」「要件緩和」の３つが揃って実施されました。医薬品、医療機器等の品質、有効性及び安全性の確保等に関する法律（医薬品医療機器等法）上のルールの見直しをふまえた改定ですが、これにより利用者側も薬局側もオンラインを活用しやすくなります。

3 デイサービスの利用者に対して「栄養食事指導」や「歯科衛生指導」が可能に

自宅訪問以外に、通所サービス利用者に対しても「管理栄養士による栄養食事指導」と「歯科衛生士などによる歯科衛生指導」が提供可能となりました。

4 医療的ケアの内容に見合う加算が新設

薬剤師による薬学管理や指導を評価する加算として、「医療用麻薬持続注射療法加算」と「在宅中心静脈栄養法加算」が新設されました。

基本報酬

	単一建物に居住する同一月の利用者数		
医師が実施するもの	1人	2～9人	10人以上
在宅時医学総合管理料等の算定のない利用者の場合	515単位	487単位	446単位
	(1月に2回を限度)		
在宅時医学総合管理料等の算定のある利用者の場合	299単位	287単位	260単位
	(1月に2回を限度)		
歯科医師が実施するもの	517単位	487単位	441単位
	(1月に2回を限度)		
薬剤師が実施するもの			
病院・診療所の薬剤師によるもの	566単位	417単位	380単位
	(1月に2回を限度)		
薬局の薬剤師によるもの	518単位	379単位	342単位
	(1月に4回を限度。★の適用あり)		
オンライン服薬指導の場合	46単位		
	(1月に4回を限度。★の適用あり)		
管理栄養士が実施するもの			
事業所内の管理栄養士によって実施されるもの	545単位	487単位	444単位
	(1月に2回※1を限度)		
連携先の機関の管理栄養士によって実施されるもの	525単位	467単位	424単位
	(1月に2回※2を限度)		
歯科衛生士が実施するもの	362単位	326単位	295単位
	(1月に4回※3を限度)		

★ ①がん末期患者
②中心静脈栄養を受けている患者
③麻薬注射剤を使用する患者
は、週２回かつ月８回を限度

※1 特別の指示がある場合は+2回(新設)

※2 特別の指示がある場合は+2回(新設)

※3 がん末期の利用者は月6回を限度(新設)

オンライン服薬指導の利用促進に向けた緩和

改定前		改定後
在宅時医学総合管理料に規定する訪問診療の実施により処方箋が交付された利用者	拡大→	通院が困難な利用者
算定は月１回	引き上げ→	月４回まで算定可
初回は訪問(対面)による実施が必須	緩和→	初回からオンライン可
薬局内の端末による実施が必須	緩和→	要件撤廃
同一の薬剤師による対応が原則	緩和→	原則撤廃

医療的ケアに関する２つの新設の加算

※いずれも薬剤師が対象

新設

医療用麻薬持続注射療法加算 **250 単位／回**	医療用麻薬持続注射療法にかかる薬学管理・指導を評価 ※麻薬管理指導加算との併算定不可
在宅中心静脈栄養法加算 **150 単位／回**	在宅中心静脈栄養法にかかる薬学管理・指導を評価

6 通所介護（認知症対応型通所介護を含む）

ココをチェック！ 加算の新設はないが、算定要件の変更に留意が必要

- ☑ 基本報酬は全体的に引き上げ
- ☑ 認知症加算の見直し
- ☑ 個別機能訓練加算の人員配置要件の緩和
- ☑ 入浴介助加算の見直し
- ☑ 送迎の取り扱いについて明確化
- ☑ 外国人介護職員の人員配置基準の緩和

質の向上を図るため従来の加算の算定要件を見直し

1 基本報酬の引き上げ

基本報酬のなかで最も上げ幅が大きいのが通常規模型で、要介護５では６単位引き上げられました。大規模型もそれなりに上げ幅を確保しましたが、地域密着型の小規模事業所と認知症対応型通所介護は微増にとどまっています。

2 認知症加算に新たな算定要件が加わる

通所介護と地域密着型通所介護の認知症加算の算定要件である、利用者に占める認知症のある人の割合について、前年度または算定日が属する月の前3か月間の利用者数のうち、認知症高齢者の日常生活自立度Ⅲ以上の利用者の割合を全体の20％から15％以上に下げ、算定のハードルを下げました。従来より算定のための要件が厳しく、算定率が伸び悩んでいたことへの対応です。

また、算定要件として、事業所全体で認知症のある利用者に対応していくことを目的に、職員に対して認知症ケアに関する事例検討会や、技術的な指導に関する会議の定期的な開催も求められることになりました。

基本報酬

●7時間以上8時間未満の場合

通所介護	要介護1	要介護2	要介護3	要介護4	要介護5

通常規模型	658単位	777単位	900単位	1,023単位	1,148単位
大規模型 I	629単位	744単位	861単位	980単位	1,097単位
大規模型 II	607単位	716単位	830単位	946単位	1,059単位

地域密着型通所介護

要介護1	要介護2	要介護3	要介護4	要介護5

753単位	890単位	1,032単位	1,172単位	1,312単位

認知症対応型通所介護（単独型の場合）

要介護1	要介護2	要介護3	要介護4	要介護5

994単位	1,102単位	1,210単位	1,319単位	1,427単位

認知症加算の要件見直し

改定前と同じ

認知症加算
60単位／日

要件の変更点

- 前年度または算定日が属する月の前3 か月間の利用者数のうち、認知症高齢者の日常生活自立度Ⅲ以上の人の割合を**全体の 15% 以上に緩和**

新設
- **認知症ケアの事例検討会の定期的な開催**
- **技術的指導に関する会議の定期的な開催**

3 個別機能訓練加算の算定要件と単位の一部変更

個別機能訓練加算は、基本的には2021（令和3）年度改定の内容を引き継いでいますが、加算（Ⅰ）ロの人員配置条件が緩和され、算定しやすくなりました。その分、報酬単価が下がっています。

従来は、専従の機能訓練指導員を1人以上、サービス提供時間を通じて配置することを要件としていましたが、今回の改定から「配置時間を定めない」という要件に緩和されました。機能訓練指導員は、配置時間に定めがなくなったことで、別の事業所において資格を活かすことも可能です。一方で、単位数が下がっており、すでに算定していた事業所は、収益の減少につながるので留意が必要です。

4 入浴介助加算の要件見直し

入浴介助の技術向上や、利用者が在宅で自立した入浴に取り組めるように、入浴介助加算における算定要件が見直されました。加算Ⅰでは入浴介助の研修などの実施が要件として追加されたり、加算Ⅱでは、ICTを活用すれば医師等が直接訪問しなくとも評価・助言を行うことが可能となったりしています。

なお、ケアプランに入浴の記載がなく、事業所が作成する通所介護計画書にもその記載がない場合などにおいてはこの加算は算定できません。

5 送迎の取り扱いについての明確化

利便性の向上や送迎ドライバーの不足に対応するため、利用者のライフスタイルに沿った送迎、効率化に踏み切りました。算定要件は以下のとおりです。

〈送迎範囲〉
利用者の自宅と事業所間が原則だが、運営上支障がなく、近隣に親戚の家がある場合に限り、その場所への送迎を可能とする
〈他事業所の利用者との同乗〉
他事業所の職員でも自事業所と雇用契約を結べば送迎を可能とする
〈障害福祉サービス利用者との同乗〉
送迎を業務委託契約している場合（共同での委託含む）、責任の所在を明らかにすれば、他事業所の利用者の同乗も可能とする
※障害福祉サービス事業所と契約した（共同での委託含む）場合も、同乗が可能

個別機能訓練加算の要件緩和

個別機能訓練加算 I イ 56単位／日　変更なし

10:00　<要件>専従1人以上配置
配置時間の規定なし　16:00

個別機能訓練加算 I ロ 76単位／日　見直し

人員配置の要件緩和

9:00　<要件>加算 I イの配置（専従1人以上）
＋
専従1名以上配置（配置時間の規定なし）　16:00

緩和により

専従の1人が配置されている間は、別の職務に配置可能
※1名配置の時間に利用者が訓練を受けた場合、加算I イの算定が可能

※個別機能訓練加算 II は変更なし

入浴介助加算の要件見直し

変更なし

入浴介助加算 I
40単位／日

適切な設備や人員での介助

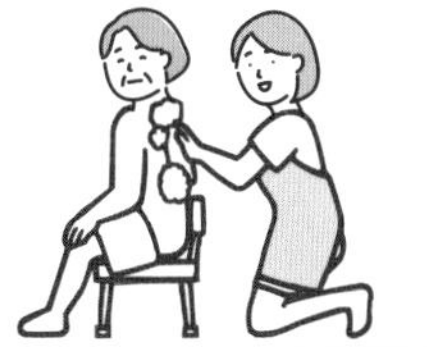

入浴介助の研修などを実施　新要件

変更なし

入浴介助加算 II
55単位／日

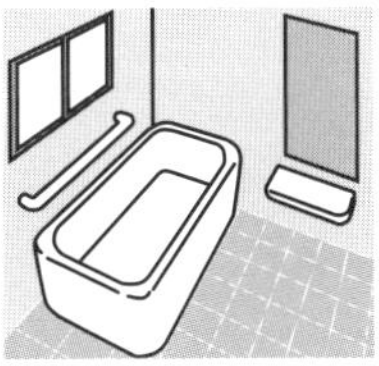

新要件

加算 I に加えて

- 医師等が利用者宅へ訪問が難しい場合、医師等の指示のもと介護職員が訪問してもOK
- ICTなどを活用して、医師等が評価・助言を行うこともOK

<医師等の範囲>

医師、PT、OT、介護福祉士もしくはケアマネジャー

＋

追加

福祉用具専門相談員
機能訓練指導員
地域包括支援センターの職員
その他住宅改修に関する専門的知識および経験を有する者

7 療養通所介護

ココをチェック! 臨時の利用ニーズや重度利用者の受け入れを評価

- ☑ 臨時の利用ニーズに対応できるよう日額単位の基本報酬を“復活”
- ☑ 重度利用者の受け入れ体制整備にインセンティブ

臨時の利用ニーズに対応できるよう日額単位の基本報酬を“復活”

療養通所介護の基本報酬は、2021（令和3）年度の改定で「日単位の出来高報酬」から「月単位の包括報酬」へと大きく見直されましたが、今回の改定で早くも日額単位の基本報酬が“復活”しています（＝短期利用療養通所介護費）。

もともと包括報酬とされたのは、①利用者にとって負担増を気にせず、ニーズに応じて利用回数を増やすことができるように、②事業者にとってキャンセルがあっても減収にならず、経営を安定化できるように、という二重の配慮によるものでした。しかし、結果として、数回の利用でも1か月分の利用者負担が生じてしまうこととなり、利用登録していない人には敷居が高くなってしまったということで、日額の報酬が再度導入される運びとなりました。

想定される用途

- 新規に利用を検討している人を対象とした“お試し”利用
- 急な事情による緊急のスポット利用

重度利用者の受け入れ体制整備にインセンティブ

現在の基本報酬は、要介護度や重症度によらず「一律定額」であるため、重度利用者を多く受け入れることによる経済的メリットはないといえます。そこで今回は、受け入れ体制の整備を評価し、事業者の収益増加となるように、「重度者ケア体制加算」が新設されました。

基本報酬

●月極めの通所サービスに対する基本報酬
拡充

利用登録した人が対象

月極め

療養通所介護費
12,785単位／月

●臨時のサービスに対する基本報酬
新設

利用登録していない人が対象

臨時

短期利用療養通所介護費
1,335単位／日

要件

利用者1.5人に対し専従の従業員を１人以上配置（うち１人以上は専従の常勤看護師）

利用者の状態などの事情により、指定居宅介護支援事業所のケアマネジャーが「利用は必要」と認めた場合

「入浴介助を行わない場合の減算」「過少サービスに対する減算」を算定していない

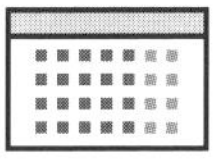

利用期間は7日以内。やむを得ない場合は14日以内

重度利用者受け入れ体制の整備

難病、認知症、がん末期など
重度利用者の
受け入れ体制を評価

新設

重度者ケア体制加算
150単位／月

要件

専従の常勤看護師1人以上
＋
看護職員を常勤換算方法で
3以上確保

認定看護師、専門看護師、
特定看護師を1以上確保

訪問看護の指定を受け、
一体的に事業を実施

8 訪問リハビリテーション

ココをチェック！ **要介護と要支援にメリハリをつける**

- ☑ 基本報酬は微増、介護予防はマイナスに
- ☑ 医療機関との情報共有と連携
- ☑ みなし指定の見直し

早期からのリハビリテーションの提供などを評価

1 基本報酬の見直し

利用者の状態に応じて適切な評価を行うために、基本報酬は1回あたり308単位と1単位微増しました。介護予防訪問リハビリテーションについては、298単位と9単位引き下げとなり、要介護と要支援の間に一定のメリハリがつけられました。

2 医療機関のリハビリテーション実施計画書の受け取りが義務化

退院後、早期から質の高いリハビリテーションを連続的に提供するため、利用者の入院中に医療機関が作成したリハビリテーション実施計画書を受け取り、内容を把握したうえで、訪問リハリビテーション計画を作成する必要があります。また、事業所の理学療法士などのリハビリテーション専門職が退院前カンファレンスに参加し、共同指導を行った場合に算定できる「退院時共同指導加算」が新設されました。

3 リハビリテーションの推進や一体的な取り組み

認知症のある利用者にリハビリテーションを実施した場合に、新たに「認知症短期集中リハビリテーション実施加算」の評価や、口腔・栄養との一体的な取り組みとして、リハビリテーションマネジメント加算の要件について区分が整理されました。

4 介護老人保健施設、介護医療院によるみなし指定が可能に

事業所を拡充する観点から、介護老人保健施設と介護医療院によるみなし指定が可能になります。介護予防の事業所や、通所リハビリテーション事業所も同様です。

基本報酬

介護予防の場合

308 単位

298 単位

訪問リハビリテーションにおける新設の加算と区分見直し

新　設

退院時共同指導加算

600単位／回

退院前カンファレンス時にPTなどが共同指導

口腔連携強化加算

50単位／回

(1月に1回限り)

口腔状態の評価と、その情報共有

認知症短期集中リハビリテーション実施加算

240単位／日

(1週に2日を限度)

PTなどによる退院日または訪問開始日から3か月以内に、リハビリテーションの実施

〈リハビリテーションマネジメント加算の区分見直し〉

改定前	改定後
加算(A)イ　180 単位／月	加算(イ)　変更なし
加算(A)ロ　213 単位／月	加算(ロ)　変更なし
加算(B)イ、ロ	〈新設〉医師が利用者や家族に説明した場合 上記+270 単位／月

加算(B)の廃止

医師の説明部分を別加算として設定

9

通所リハビリテーション

ココをチェック！ **要介護と要支援にメリハリをつける**

- ☑ 基本報酬は通常規模型と大規模型で若干のメリハリがつく
- ☑ 医療機関との情報共有と連携
- ☑ 介護予防通所リハビリテーションに加算廃止と見直しの動き
- ☑ 訪問リハビリテーションと同様に、みなし指定の見直し

通所リハビリテーションの役割を意識した見直し

1 基本報酬の引き上げ

在宅生活の継続や、老人保健施設からの在宅復帰をさらに推進するためにも通所リハビリテーションの果たす役割の重要性を意識して、基本報酬が引き上げられました。大規模型はⅠおよびⅡが統合され、単位としては引き下げられましたが、一定の条件を満たしている場合は、通常規模と同様の単位数が算定できます。

2 医療機関との情報共有と連携の評価

医療機関が作成したリハビリテーション実施計画書を受け取る義務が生じ、その内容を把握することが求められます。また、退院時に速やかに情報連携が行われ、連続的に質の高いリハビリテーションが提供できるように、「退院時共同指導加算」が新設されました。

3 介護予防通所リハビリテーションにおける評価の見直し

身体機能の評価をさらに推進するため、運動器機能向上加算の廃止と、報酬体系の簡素化として、選択的サービス複数実施加算Ⅱが新たに「一体的サービス提供加算」として評価されることになりました。

算定要件としては、①栄養改善サービスおよび口腔機能向上サービスを実施している、② ①のサービスのいずれかを月２回以上、設けている、③栄養改善加算、口腔機能向上加算を算定していない、ことを満たす必要があります。

基本報酬

通所リハビリテーション（7時間以上8時間未満の場合）

※大規模ⅠおよびⅡは廃止	要介護1 	要介護2 	要介護3 	要介護4 	要介護5 
通常規模型	762単位	903単位	1,046単位	1,215単位	1,379単位
大規模型	714単位	847単位	983単位	1,140単位	1,300単位

介護予防通所リハビリテーション

要支援1 	要支援2 
2,268単位/月	4,228単位/月

新設 利用から12か月超えた場合
減算を行わない基準

- 3か月に1回以上、リハビリテーション会議を開催
- 会議をふまえて計画の見直し
- 計画書などのデータをLIFEに提出

通所リハビリテーションにおける加算の新設と見直し

新設 退院時共同指導加算　600単位／回

●加算の見直し（介護予防のみ）

廃止（基本報酬へ包括化） 運動器機能向上加算	選択的サービス複数実施加算 ・Ⅰ廃止→ 栄養改善加算、口腔機能向上加算で評価 ・Ⅱ→ 一体的サービス提供加算（480単位／月）**新設**

●リハビリテーションマネジメント加算の区分見直し

改定前	改定後
加算（A）イ	加算（イ）変更なし
加算（A）ロ	加算（ロ）変更なし
加算（B）イ、ロ	加算（ハ）同意日の月から6か月以内　793単位／月 6か月超え　473単位／月
	〈新設〉医師が利用者や家族に説明した場合　上記+270単位／月

加算(ハ)が新設

医師の説明部分を別加算として設定

加算(B)の廃止

10 短期入所生活介護

ココをチェック! 社会ニーズの高まりを評価

- ☑ 基本報酬の見直し
- ☑ 長期利用（61 日以降）の適正化
- ☑ 看取りの対応体制を強化
- ☑ 口腔管理の連携強化として口腔連携強化加算の新設
- ☑ 外国人介護職員の人員配置基準の緩和

長期利用の適正化や看取り期への対応を評価

1 基本報酬は5～11単位引き上げに

短期入所生活介護の基本報酬は、単独型・従来型個室、併設型・従来型個室、単独型・ユニット型個室、併設型・ユニット型個室のいずれの分類、要介護度においても引き上げられました。社会的にニーズが高まっているサービスであることが評価されています。ユニット型においては、ユニットケアの質の向上を図ることを目的に、ユニット施設管理者研修の受講が努力義務となりました。

2 長期利用の場合は基本報酬が減算

国は、従来から課題とされてきた長期利用の適正化に今回の改定で踏み切りました。長期利用（61 日以降（介護予防は 31 日以降））の場合、適正化の対象として新たな減算額が設定され、その単位数は単独型の場合、特別養護老人ホームの基本報酬に合わせることになりました。

3 看取り連携体制加算を新設

短期入所生活介護では看取り期の利用者が増加傾向にあります。看取り期の利用者へのサービス提供体制を整えるため、レスパイト機能を果たしつつ看護職員の体制を確保し、対応方針を定め、サービスを行った場合に算定できる「看取り連携体制加算」が新設されました。

4 外国人介護職員の人員配置

従来の日本語能力試験 N1・N2 合格者に加え、事業者が、外国人介護職員の日本語能力や指導の実施状況などを勘案し、人員配置基準に算入すると意思決定した場合には、就労開始直後から職員として配置しても差し支えないことになりました。

基本報酬

単独型と併設型のユニット型個室（要介護の場合）

●1日あたりの単位	要介護1	要介護2	要介護3	要介護4	要介護5

単独型	746単位	815単位	891単位	959単位	1,028単位
併設型	704単位	772単位	847単位	918単位	987単位

長期利用の適正化（要介護 3 の場合）

報酬区分／類型	基本報酬	長期利用者への減算適用後（31日～60日）	61日以降
単独型従来型	787単位	757単位	732単位
併設型従来型	745単位	715単位	715単位
単独型ユニット型	891単位	861単位	815単位
併設型ユニット型	847単位	817単位	815単位

新設（61日以降）

※61 日以降は、単独型、単独型ユニット型については特別養護老人ホームと同じ単位数

看取りの対応体制の強化

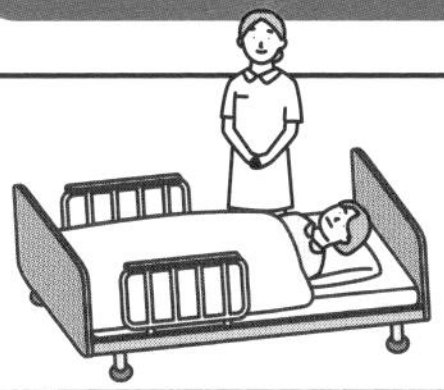

看取り期の利用者にサービスを提供した場合

→

新設

看取り連携体制加算

64単位／日

※死亡日および死亡日以前30日以下について、7日を限度

〈要件〉

① 看護体制加算 (II) か (IV) イもしくはロを算定

② 看護体制加算 (I) または (III) イもしくはロを算定、かつ、事業所や病院などの看護職員との連携により、24 時間連絡体制の確保

③ 看取り期の対応方針を利用者や家族に説明、同意を得る

11

短期入所療養介護

ココをチェック! 医療ニーズの高い利用者に対応し、専門的ケアを提供

- ☑ 基本報酬の引き上げ
- ☑ 総合医学管理加算の見直し
- ☑ 口腔管理の連携強化として口腔連携強化加算の新設
- ☑ 身体的拘束などの適正化への取り組みを重視
- ☑ 見守り機器などを導入した場合の、夜間の人員配置基準を緩和
- ☑ 外国人介護職員の人員配置基準の緩和

医療的ケアを必要とする利用者への対応を期待

1 基本報酬は引き上げに

医療的ケアの必要な利用者が今後も増加し、ニーズ拡大が予想されるため、介護老人保健施設の多床室・基本型、在宅強化型、病院療養病床の多床室・療養機能強化型A・Bいずれの分類、要介護度においても基本報酬は引き上げられました。

2 総合医学管理加算の算定要件が変更

短期入所療養介護は、いわゆる介護老人保健施設の医療ショートと呼ばれるもので、今回の改定では加算の単位数に変更はないものの、算定日数などに変更がありました。改定後の要件としては、①居宅サービス計画を計画的に行うことになっている指定短期入所療養介護も加算の対象とすること、②従来の7日までから10日を限度とすることとなり、医療専門職を揃えた介護老人保健施設のショートステイならではの医療的ケアが受けられる施設として、さらに期待が寄せられます。

3 夜間の人員配置基準の緩和

見守り機器などを導入した場合の夜間の人員配置基準について見直しが行われ、1日あたりの配置人員数が1.6人以上に緩和されました（常時1人以上は配置）。また、ユニットケア施設管理者研修の受講が努力義務になるなどの変更がありました。

基本報酬

要介護の場合

介護老人保健施設
（多床室・基本型）

要介護1	要介護2	要介護3	要介護4	要介護5
830単位	880単位	944単位	997単位	1,052単位

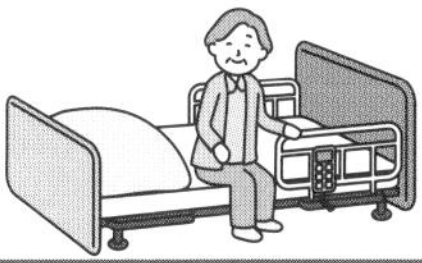

病院療養病床
（多床室･療養機能強化型A）

要介護1	要介護2	要介護3	要介護4	要介護5
867単位	980単位	1,224単位	1,328単位	1,421単位

総合医学管理加算の要件見直し

変更なし

総合医学管理加算
275単位／日

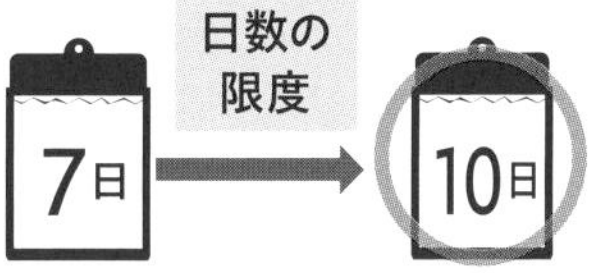

加算対象の追加

要件変更

・居宅サービス計画を計画的に行う**指定短期入所療養介護**も対象に
・**算定日数を7日から10日を限度に**

夜間の人員配置基準の緩和

要件

- すべての利用者に見守りセンサーを導入
- 夜勤職員全員がインカムなどの ICT を使用
- 職員の負担軽減や安全体制の確保

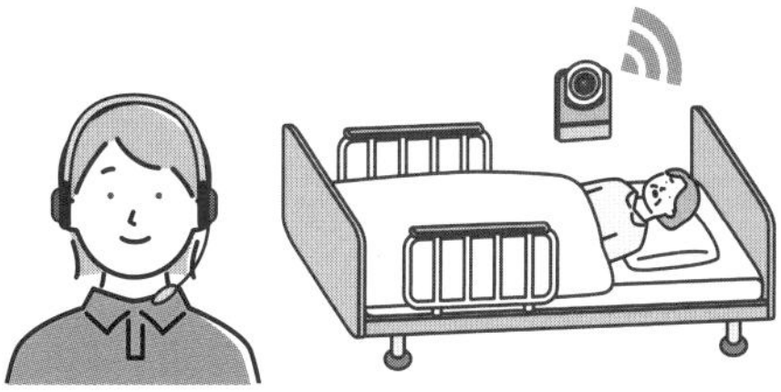

1.6人以上

利用者などの数が40人以下で、緊急時の連絡体制を常時整備している場合は１人以上

12 福祉用具貸与・販売

ココをチェック! 福祉用具をめぐる負担軽減と適切な利用・安全確保を図る改正

- ☑ 貸与と販売の選択制の導入
- ☑ モニタリングについての明確化
- ☑ 身体的拘束などの適正化の推進

質の向上と制度の持続可能性の確保を図るための動き

1 一部の福祉用具について貸与と販売の選択制を導入

福祉用具は貸与期間が長期間になると、貸与価格の累計額が販売価格を上回るケースもみられていました。そこで、利用者の過度な負担を軽減しつつ、福祉用具の適切な利用と利用者の安全を確保する観点から、一部の福祉用具について貸与と販売の選択制を導入することになりました。

その際には、福祉用具専門相談員による利用者への十分な説明と、多職種の意見や利用者の身体状況などをふまえた提案を行うことが求められます。

2 モニタリング実施時期の明確化とモニタリング結果のケアマネジャーへの交付

福祉用具貸与のモニタリングを適切に実施し、サービスの質の向上を図る観点から、福祉用具貸与計画の記載事項にモニタリングの実施時期を追加することになりました。また、福祉用具専門相談員がモニタリングの結果を記録し、その記録をケアマネジャーに交付することが義務づけられました。

3 身体的拘束などの適正化の推進

利用者などの生命や身体を保護するための緊急やむを得ない場合を除き、身体的拘束などを行ってはならないことを明確にするとともに、身体的拘束などを行う場合には、その態様や時間、その際の利用者の心身の状況、緊急やむを得ない理由を記録することが義務づけられました。

貸与と販売の選択制を導入

選択制の対象とする福祉用具の種目・種類

固定用スロープ

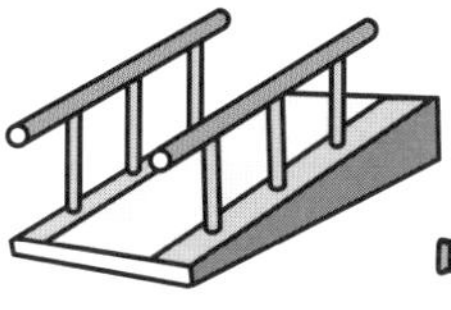

歩行器(歩行車を除く)

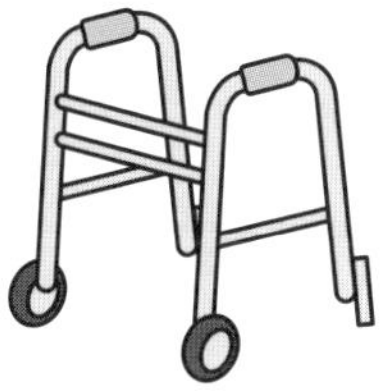

単点杖
(松葉づえを除く)

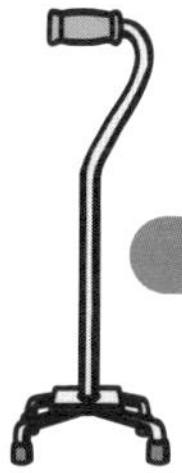

多点杖

福祉用具の選択

ケアマネジャーや福祉用具専門相談員から貸与・販売のメリット・デメリットの説明を受け、理解したうえで利用者が選択する

モニタリングやメンテナンス(福祉用具専門相談員が実施)

貸与後

- 利用開始後、少なくとも 6 か月以内に行う
- 貸与継続の必要性を検討

販売後

特定福祉用具販売計画における目標達成状況の確認

利用者などからの要請に応じて、使用状況の確認が必要な場合は、使用方法の指導や修理などに努める

利用者に対し、商品不具合時の連絡先を情報提供

13 小規模多機能型居宅介護

ココをチェック! 地域包括ケアや地域共生社会の実現につながる取り組みを評価

- ☑ 基本報酬は微増
- ☑ 総合マネジメント体制強化加算の見直し
- ☑ 認知症対応力のさらなる強化
- ☑ 管理者の配置基準の見直し

地域の実情に応じた柔軟かつ効率的な取り組みの評価

1 基本報酬は0.3%の微増

今回の介護報酬改定において、基本報酬はすべての分類で引き上げられました。とはいえ、0.3% 程度の増加にとどまっています。

2 総合マネジメント体制強化加算の見直し

小規模多機能型居宅介護（以下、小多機）が地域包括ケアシステムの担い手として、より地域に開かれた拠点となり、さまざまな機能を発揮することにより、地域の多様な主体とともに利用者を支えるしくみづくりを促進する観点から、総合マネジメント体制強化加算において新たな区分と、それに伴う算定要件が設けられました。

3 認知症対応力の強化

小多機の利用者のうち認知症のある高齢者の割合が増加傾向にあります。そこで、認知症対応力のさらなる強化を図る観点から、認知症介護指導者養成研修修了者を 1 人以上配置するなど、認知症加算の新たな算定要件が設けられました。

4 管理者の配置基準の見直し

小多機の管理者について、提供する介護サービスの質を担保しつつ、事業所を効率的に運営する観点から、他事業所の管理者や従事者との兼務可能なサービス類型を限定しないこととしました。

地域の実情に応じた評価の見直し

総合マネジメント体制強化加算

〈改定前〉

総合マネジメント体制強化加算

→ 新設

総合マネジメント体制強化加算Ⅰ
1,200単位/月

地域共生の取り組みが追加

総合マネジメント体制強化加算Ⅱ
800単位／月

従来と同じ区分だが引き下げ

加算Ⅰ要件

- 地域住民などの相談対応の体制確保
- 地域資源を効果的に活用した利用者への支援
- 障害福祉サービス事業所、児童福祉施設などと協働し、世代間の交流の場にする
- 地域住民や他事業所と事例検討会、研修会などを実施　など

認知症加算

新設

認知症加算Ⅰ
920単位／月

認知症加算Ⅱ
890単位／月

専門的研修修了者の配置など要件追加

認知症加算Ⅲ
（従来の加算Ⅰ）
760単位／月

認知症加算Ⅳ
（従来の加算Ⅱ）
460単位／月

DOWN

管理者の配置基準（管理者が兼務可能な事業所）

改定前	改定後
限定的 ・指定認知症対応型共同生活介護事業所 ・指定地域密着型特定施設 ・指定地域密着型特別養護老人ホーム ・指定介護老人福祉施設 ・介護老人保健施設 ・指定介護療養型医療施設 ・介護医療院	限定しない 他事業所の管理者との兼務可能なサービス類型については限定しない

14 看護小規模多機能型居宅介護

ココをチェック！ 利用者や地域のニーズに対応した報酬体制や支援力向上

- ☑ 利用が週１回未満なら「30%減」の割引のしくみ、利用者拡大の呼び水に？
- ☑ 人員体制確保を後押し、「緊急の宿泊」への備え、見守り機器の導入
- ☑ 利用者や地域のニーズに応える「支援力」向上を促進

使い勝手の向上、人員体制の整備

1 報酬単価割引の導入

今回の改定ポイントの１つ目は、看護小規模多機能型居宅介護（以下、看多機）の抱える事業上の課題への対応です。看多機は、登録定員に一定数の空きがあるものの、「利用料が高い」「通い、泊まり、訪問のすべては必要ない」などの理由から、新規利用につながりにくいという課題がありました。そこで今回導入されたのが、サービス提供量、利用者の納得感などの観点から、一人ひとりの利用者の利用状況に合わせた“報酬単価割引”のしくみです。具体的には、利用が週１回未満なら単位数が30%減となります。利用者・家族にとっては、選択肢の拡大につながりそうです。

2 緊急時の人員体制確保の後押し、見守り機器などの導入

看多機の事業経営における難題であった繁忙時（計画にない泊まりの依頼や、看取り期のニーズ増大）における人員体制確保に、各事業所で取り組みやすいように、「緊急時への宿泊への備え」を要件に加えた、加算の見直しが行われました（緊急時訪問看護加算→緊急時対応加算）。

また、見守り機器などのテクノロジーを導入して、利用者の安全と介護の質を維持しつつ、生産性向上と職員の負担軽減を図る取り組みを評価する「生産性向上推進体制加算」が新設されました。

基本報酬

	要介護1	要介護2	要介護3	要介護4	要介護5
同一建物居住者	11,214単位	15,691単位	22,057単位	25,017単位	28,298単位
同一建物居住者以外	12,447単位	17,415単位	24,481単位	27,766単位	31,408単位

過小サービスに対する減算

登録者１人あたり平均回数が週４回に満たない月
基本報酬　30%減

または

算定月の提供回数が週平均1回に満たない
基本報酬　30%減
新設

臨時　短期利用居宅介護費

要介護1	要介護2	要介護3	要介護4	要介護5
571単位	638単位	706単位	773単位	839単位

看護小規模多機能型居宅介護における新設や変更の加算

● “緊急時訪問看護加算” から “緊急時対応加算”に

名称変更・単位数引き上げ

緊急時対応加算
774単位／月

要件

利用者や家族に
24時間連絡可能な体制

＋

要件追加
緊急時の宿泊受け入れ体制

● 生産性向上推進体制加算　新設

〈要件〉　生産性向上推進体制加算Ⅰ　100単位／月　または　加算Ⅱ 10単位／月

①生産性向上の具体策を検討する委員会を設置

②見守り機器などのテクノロジーを複数導入

③業務改善の効果を検証するデータの提出（年１回）

④職員間の適切な役割分担（介護助手の活用など）の実績

〈要件〉
- 左記の①と③は同じ
- 左記の②は「1つ以上導入」
- 左記の④はなし

3 利用者や地域のニーズに応える「支援力」向上を促進

ポイントの2つ目は、利用者や地域のニーズに対応した「支援力の向上」を促している点です。具体的には、地域共生に向けた取り組みや、専門的な医療ニーズの拡大への対応、認知症への対応力の強化を促すための、加算の新設や見直しが行われています。

①専門管理加算

専門性の高い看護師による看護の計画的な管理を評価する新設の加算です。専門的なケアを必要とする利用者に対応できるよう、専門人材の配置を促すものです。

②認知症加算に新たな区分

認知症ケアに関する専門的研修修了者の配置や研修の実施などを評価する区分が新設されました。各事業所の認知症対応力の強化をねらいとしています。介護の質の向上に向けて、排せつ支援加算と褥瘡マネジメント加算の要件も見直されました。

③総合マネジメント体制強化加算

看多機がより地域に開かれた拠点となるよう促すことを目的に、加算の区分が加算ⅠとⅡに細分化されました。地域における連携体制の確保、交流拠点の整備、人材育成のための研修の実施などの要件を追加した新区分の単位数が引き上げられ、それを満たさない区分（従来と同様の場合）の単位数が引き下げられています。

4 その他

①ターミナルケア加算

介護保険の訪問看護におけるターミナルケアの内容が医療保険のターミナルケアと同様であることをふまえ、500単位引き上げられました。

②遠隔死亡診断補助加算

離島や中山間地域に住む利用者の死亡診断について、医師が診断を行うまでに長時間を要する場合に、情報通信機器を用いた在宅での看取りの研修を受けた看護師による医師の「リモート死亡診断」の補助を評価する加算です。診療報酬では、すでに2022（令和4）年の改定で導入されており、同額の報酬が今回設定されました。

③運営基準の見直し

管理者の兼務制限が見直され、「同一敷地内または併設」の要件が撤廃されました。看護師による医療的ケアは、訪問看護に限らず、「通い」「泊まり」の利用者に対しても提供されるものであることがわかるように、運営基準の規程が見直されました。

医療ニーズの拡大への対応にかかわる新設の加算

専門管理加算　新設

〈要件〉

緩和ケア、褥瘡ケア、人工肛門ケア、人工膀胱ケアにかかる専門の研修を受けた看護師	特定行為研修を修了した看護師
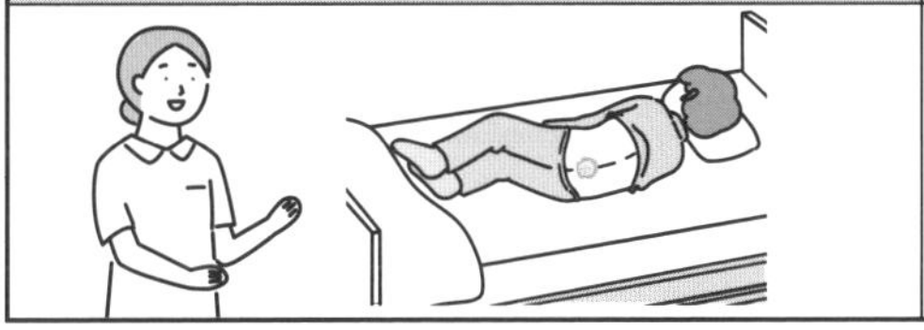	

これらの看護師が訪問看護に関する計画的な管理を行う

250単位／月

認知症加算

新設

- 認知症加算Ⅰ 920単位／月
- 認知症加算Ⅱ 890単位／月

専門的研修修了者の配置など要件追加

- 認知症加算Ⅲ（従来の加算Ⅰ）760単位／月
- 認知症加算Ⅳ（従来の加算Ⅱ）460単位／月

DOWN

総合マネジメント体制強化加算

〈改定前〉

総合マネジメント体制強化加算

→ 総合マネジメント体制強化加算Ⅰ 1,200単位／月　新設
地域共生の取り組みが追加

→ 総合マネジメント体制強化加算Ⅱ 800単位／月
従来と同じ区分だが引き下げ

ターミナルケア加算

2,500単位／死亡月　見直し

遠隔死亡診断補助加算

新設　**150単位／月**

離島・山間部・過疎地域

看取りの研修を受けた看護師

主治医

15 定期巡回・随時対応型訪問介護看護、夜間対応型訪問介護

ココをチェック! 地域包括ケアシステムを担う重要なサービスに黄信号が点る

- ☑ 基本報酬の引き下げ
- ☑ 総合マネジメント体制強化加算の見直し
- ☑ 訪問看護などにおけるターミナルケア加算の見直し
- ☑ 夜間対応型訪問介護の利用者に配慮した区分の新設
- ☑ 訪問体制の確実な確保と利用者へのサービス提供に支障がないことを前提に、事業所がある都道府県を越えての事業所間連携が可能に

地域で利用者を支えるしくみづくりの促進

1 基本報酬が大きくマイナスに

訪問介護と同様、収益が高く出たという理由から基本報酬が引き下げられました。定期巡回サービスは、地域における人材確保が難しく、事業に取り組む介護事業所が増えないのが課題です。この窮状にさらに拍車をかけるのでは、と危ぶむ声も多く聞かれます。在宅における看取りに欠かせないこのサービスの行方が懸念されます。

2 総合マネジメント体制強化加算を見直し新区分に

従来、総合マネジメント体制強化加算は月に 1,000 単位を算定できましたが、サービスの機能を発揮し、利用者を支えるしくみづくりを地域で促進していくために、2024（令和 6）年度から新たな区分として、Ⅰ（1,200 単位／月）とⅡ（800 単位／月）に分かれました。すでに取得していた事業所は、従来の体制だとⅡしか取れず、200 単位減算となるので注意が必要です。

3 夜間対応型訪問介護の区分を定期巡回サービスのなかに新設

将来的に夜間対応型訪問介護の区分を定期巡回・随時対応型訪問介護看護サービスの類型として統合し、一体的に運営するため、その前段階として、サービスの基本報酬の中に夜間対応型訪問介護の利用者に配慮した区分が新たに設けられました。

基本報酬

定期巡回・随時対応型

●介護・看護一体型の事業所

要介護1	要介護2	要介護3	要介護4	要介護5

7,946単位	12,413単位	18,948単位	23,358単位	28,298単位

●介護のみの一体型の事業所

要介護1	要介護2	要介護3	要介護4	要介護5

5,446単位	9,720単位	16,140単位	20,417単位	24,692単位

夜間対応型訪問介護

将来の統合に備えて、まずはサービスのなかに区分を **新設**
要介護1～５の人が対象

定額

基本夜間訪問サービス費
989単位／月

＋

出来高

定期巡回サービス費
372単位／回

夜間帯(18～翌8時)に定期的な訪問

随時訪問サービス費 Ⅰ　567単位／回
随時訪問サービス費 Ⅱ　764単位／回
（２人の訪問介護員などにより訪問する場合）

急な体調悪化などのときに、訪問による介助や救急車の手配などのサービスを受ける

16

共生型サービス

ココをチェック! ケアやリハビリテーションを介護・障害福祉事業所がともに行う

- ☑ 医療型短期入所サービスの指定申請を、介護老人保健施設や介護医療院で行いやすくなる
- ☑ 通所リハビリテーションで共生型および基準該当自立訓練（機能訓練）の提供が可能に
- ☑ 障害福祉においても介護同様に自立支援の概念が色濃くなる

医療・介護・障害福祉のトリプル改定では医療との連携・リハビリテーションに注目

1 共生型サービス本来の役割とは?

共生型サービスの提供により、４つの役割・機能が発揮されると期待されています(p.91 参照)。また、地域においてどの制度にも該当しない、いわゆるグレーゾーンと呼ばれる人たちにも目を向け、支援の手が差し伸べられることが望まれています。

2 介護老人保健施設や介護医療院に期待される医療型短期入所サービスの申請

医療的ケアを必要とする人の家族にとって、レスパイト機能を有する医療型短期入所サービスのニーズはますます高まっていますが、一方で、申請の複雑さによって、申請するサービス事業所が増えないのが課題でした。そこで、介護老人保健施設や介護医療院において施設基準・人員基準を満たしている場合、共生型サービスの指定申請基準が緩和されるようになりました。

3 通所リハビリテーションにおける共生型および基準該当自立訓練の動きが加速

今回の改定では、障害のある人の自立訓練（機能訓練）を拡充するため、通所リハビリテーション事業所で、共生型および基準該当自立訓練（機能訓練）の提供が可能となりました。それにより自立訓練（機能訓練）を提供する際は、通所リハビリテーションと障害福祉サービスとの間で人員および設備の共有をすることが可能です。

※障害福祉の基準該当サービスは、障害福祉事業所としての指定を受けていない事業所でも、介護保険事業所として指定を受けていれば、市町村の判断で、障害福祉サービスとして給付を行うことができる。

共生型サービスの4つの役割・機能

住民・世帯・家族の地域生活課題・ニーズの解決
（現行制度では充足されていない）

地域共生社会づくりの地域拠点機能

地域の限られた福祉・介護資源の効果的な活用

福祉・介護サービス事業の多角化による経営基盤の安定化

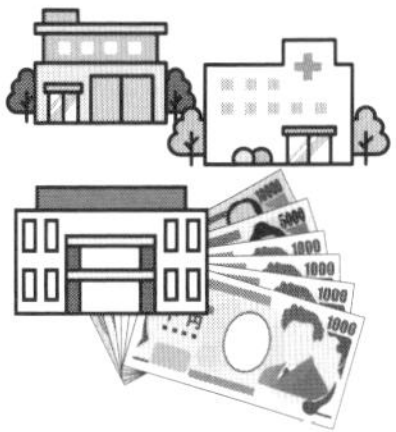

医療型短期入所サービスを申請する場合

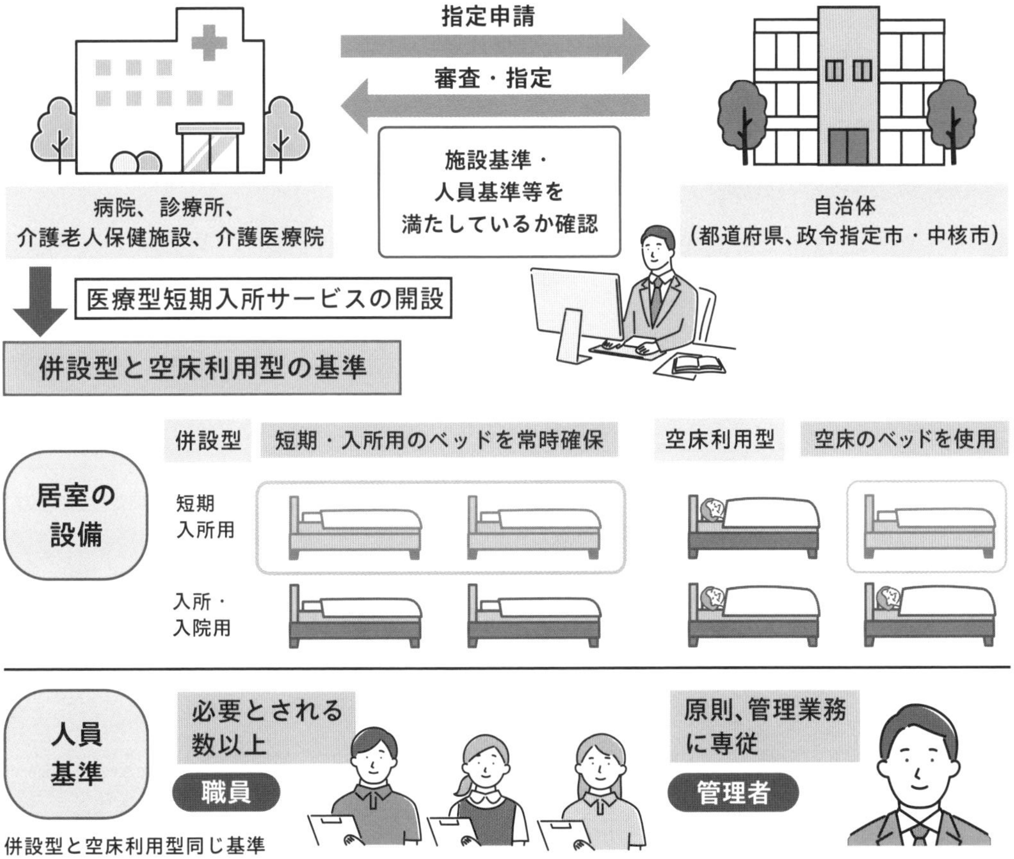

17 特別養護老人ホーム

ココをチェック！ **経営状況の厳しさを考慮、医療との連携も評価対象**

- ☑ 基本報酬の大幅な引き上げ
- ☑ 透析が必要な利用者に対する送迎を評価する加算の新設
- ☑ 配置医師の勤務時間外の対応を評価
- ☑ 協力医療機関との連携や緊急時対応に関する評価
- ☑ 感染症対応力の向上と施設内療養を行う利用者への対応を評価
- ☑ 認知症チームケア推進に関する加算の新設
- ☑ リハビリテーション・機能訓練、口腔、栄養との一体的取り組みの推進
- ☑ LIFE 関連加算の見直し
- ☑ 小規模型特別養護老人ホームの人員配置基準の緩和

基本報酬への配慮、医療との連携を評価

1 基本報酬はすべての類型、介護度において大幅な引き上げ

新型コロナウイルス感染症対応による大幅な減収や、物価高騰によるあおりを受けて介護事業経営実態調査の収支差率が低かった特別養護老人ホーム（以下、特養）の基本報酬が類型、介護度にかかわらず引き上げられました。

介護職や医療職など多職種を配置する特養は、人件費、そして設備投資や経費もかさみがちです。今回は特養のこうした厳しい経営状況を考慮した改定となりました。特に地域密着型や小規模型の特養において報酬上の配慮がなされています。

2 利用者の急変時などに協力医療機関との連携体制の強化・情報共有を評価

今回の改定では、在宅医療との連携などを図るため協力医療機関を定めることになりました（3 年間は努力義務）。協力医療機関とは、利用者の急変時に医師などへの相談体制の確保や、診療の求めがあった際の診療体制および急変時の受け入れ体制を確保している医療機関をいいます。その協力医療機関と定期的に現病歴などの情報共有を行う会議を実施することで、「協力医療機関連携加算」を新たに算定できます。

基本報酬

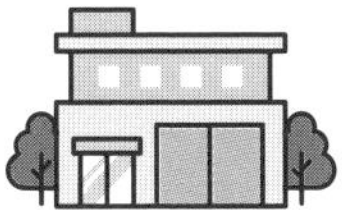	要介護1 	要介護2 	要介護3 	要介護4 	要介護5 
通常・大規模型（ユニット型個室）	670単位	740単位	815単位	886単位	955単位
小規模型（ユニット型個室）	768単位	836単位	910単位	977単位	1,043単位
地域密着型（ユニット型個室）	682単位	753単位	828単位	901単位	971単位

医療機関との連携に関する新設の加算

協力医療機関連携加算　新設

協力医療機関が相談・診療体制を確保している場合

2024年度　100単位／月

2025年度～　50単位／月

左記以外の協力医療機関の場合

5単位／月

退所時情報提供加算　新設

特別養護老人ホーム

心身の状況、生活歴などの情報提供

250単位／回
入居者1人につき1回を限度

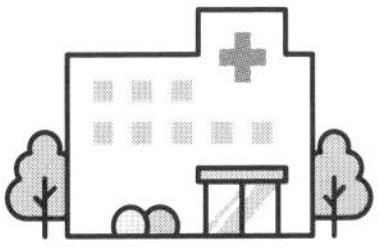

退所後に入院する医療機関

退所時栄養情報連携加算　新設

特別養護老人ホーム
の管理栄養士

栄養管理に関する情報提供

70単位／回
1月につき1回を限度

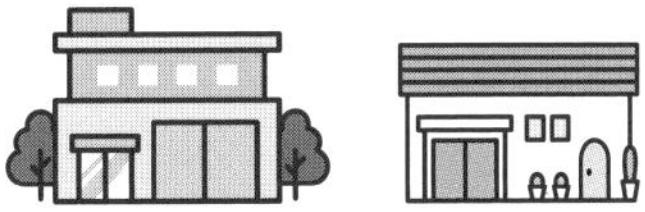

退所先の自宅や他の
介護保険施設、医療機関

ケアマネジャー

3 透析が必要な利用者に対する送迎を評価

透析を必要とする利用者で、家族や病院などによる送迎が困難なケースがよく見られます。そういったやむを得ない事情がある人に対して1か月に12回以上送迎を行った場合に算定できる、「特別通院送迎加算」が新設されました。

4 感染した高齢者を施設内で療養した場合、施設側の対応を評価

新型コロナウイルス感染症におけるクラスター対策や、感染予防の徹底などは職員に大きな疲弊をもたらしました。また、医療ひっ迫により入院できない高齢者は、施設内療養も余儀なくされました。こうしたパンデミック発生時の施設での取り組みを評価する「新興感染症等施設療養費」（240単位／日）が新設されました。

1か月に1回、連続する5日を限度として算定可能です。新型コロナウイルス感染症が5類に移行となったので、新興感染症として現在該当する感染症はありません。

5 認知症チームケア推進加算の新設

認知症の行動・心理症状（BPSD）の予防にチームで取り組む施設などを評価するため、「認知症チームケア推進加算」が新設されました。日頃からBPSDの予防に取り組んでいることが必要で、そのうえで加算Ⅰは、現行の認知症介護実践リーダー研修の修了者または認知症チームケア推進研修の修了者を1人以上配置していること、加算Ⅱは、認知症介護実践リーダー研修修了後に施設内でBPSDに対応するチームを組んでいることが必要になります。

お悩みQ&A

Q 診療報酬でも評価の取り扱いが異なるものがあり、複雑でよくわかりません

A 今回の改定で、診療報酬との給付調整に関する周知が行われた

給付調整について正しい理解を促進するため、配置医師が算定できない診療報酬と、配置医師でも算定できる診療報酬がついて誤解を招きやすい事例を明らかにした周知が行われました。厚生労働省より、「「医療保険と介護保険の給付調整に関する留意事項及び医療保険と介護保険の相互に関連する事項等について」の一部改正について」（令和6年3月27日老老発0327第1号、保医発0327第8号）の通知が出されています。

送迎や認知症の対応などに関する新設の加算

特別通院送迎加算　新設

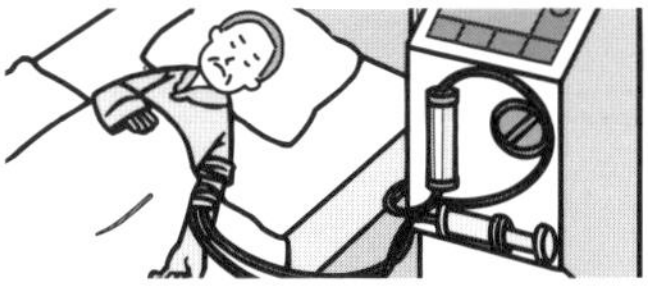

月12回以上の送迎

特別通院送迎加算
594単位／月

定期的に透析が必要な利用者　かつ　家族などによる送迎が困難

配置医師緊急時対応加算

改定前	
早朝･夜間の場合	650単位／回
深夜の場合	1,300単位／回

➡

改定後	
通常の勤務時間外	325単位／回
早朝・夜間の場合	650単位／回
深夜の場合	1,300単位／回

新設　←　日中の急変時対応も評価

認知症チームケア推進加算　新設

認知症チームケア推進加算Ⅰ
150単位/月

- 認知症介護指導者養成研修と認知症チームケア推進研修の修了者を1人以上配置、チームを編成
- カンファレンスの実施（月1回以上）など

認知症チームケア推進加算Ⅱ
120単位/月

※認知症専門ケア加算Ⅰ･Ⅱを算定している場合は算定不可

科学的介護推進体制加算　見直し

〈入力負担軽減に向けて〉
- 入力項目の定義の明確化
- 他の加算と共通する項目の選択肢統一
- 複数の加算算定の場合、データ提出のタイミングを統一

〈データ提出の頻度〉
少なくとも3か月に1回

人員配置基準　緩和

小規模型

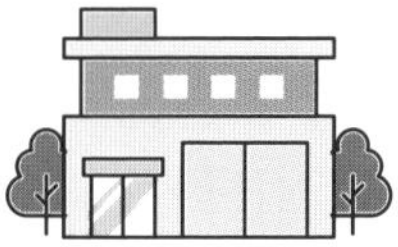

離島・過疎地域　➡　配置なしでOK

短期入所生活介護事業所の併設や、利用者などの処遇が適切に行われる場合に限り人員配置基準が緩和

生活相談員など

18

介護老人保健施設

ココをチェック! 協力医療機関との連携と入退所の際のきめ細かなケアを評価

- ☑ 基本報酬の引き上げ
- ☑ 所定疾患施設療養費の対象に慢性心不全の増悪を追加
- ☑ 協力医療機関との連携体制構築（定期的な会議の開催、情報共有）
- ☑ 医療機関からの患者の受け入れ促進を評価する初期加算に新たな区分
- ☑ ターミナルケア加算の見直し
- ☑ 認知症ケア推進に関する加算の新設と見直し
- ☑ リハビリテーションに関連する加算の新設・見直し
- ☑ 退所者・再入所者の栄養管理に関する加算の新設・見直し
- ☑ かかりつけ医連携薬剤調整加算の見直し
- ☑ 感染症対応力の向上
- ☑ 介護ロボットや ICT などテクノロジーの活用促進

在宅復帰のさらなる推進に向けた評価の動き

1 基本報酬は在宅強化型を重点的に引き上げ

介護老人保健施設本来の中間施設としての役割を果たすべく、在宅復帰をさらに推進するため基本報酬は、在宅強化型において 4.1% アップしました。一方で基本型は 1.1%、その他型 1.0% と差があります。今後、最上位区分の超強化型を算定できる（在宅復帰率が高い）施設に重点的に報酬を上乗せしていく傾向が予想されます。

また、在宅復帰・在宅療養支援等評価指標および要件も見直しが行われます（2024（令和 6）年 4 月 1 日より 6 か月の経過措置期間あり）。見直し内容としては、①入所前後と退所前後の訪問指導割合にかかる指標についてそれぞれの区分の基準を引き上げること、②支援相談員の配置割合にかかる指標として社会福祉士を配置していること、への評価があげられます。

基本報酬

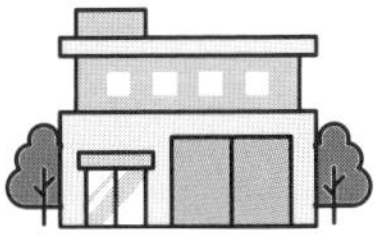

多床室 基本型

要介護1	要介護2	要介護3	要介護4	要介護5
793単位	843単位	908単位	961単位	1,012単位

多床室 在宅強化型

要介護1	要介護2	要介護3	要介護4	要介護5
871単位	947単位	1,014単位	1,072単位	1,125単位

在宅復帰・在宅療養支援等指標の見直し

在宅復帰･在宅療養支援機能加算における在宅復帰･在宅療養支援等指標の扱いは下記のとおり

在宅復帰・在宅療養支援機能加算（Ⅰ）	→ 40 以上
在宅復帰・在宅療養支援機能加算（Ⅱ）	→ 70 以上

●在宅復帰・在宅療養支援等指標

下記評価項目（①～⑩）について、項目に応じた値を足し合わせた値（最高値 90）
色字は今回の改定箇所

①在宅復帰率	50%超え → 20	30%超え → 10	**30%以下 → 0**	
②ベッド回転率	10%超え → 20	5%以上 → 10	**5%未満 → 0**	
③入所前後訪問指導割合	**35%以上 → 10**	**15%以上 → 5**	**15%未満 → 0**	
④退所前後訪問指導割合	**35%以上 → 10**	**15%以上 → 5**	**15%未満 → 0**	
⑤居宅サービスの実施数	3サービス → 5	2サービス※1 → 3	2サービス → 1	0、1サービス → 0
⑥リハ専門職の配置割合	5以上※2 → 5	5以上 → 3	3以上 → 2	3未満 → 0
⑦支援相談員の配置割合	**3以上※3 → 5**	**3以上※4 → 3**	**2以上 → 1**	2未満 → 0
⑧要介護4または5の割合	50%以上 → 5	35%以上 → 3	35%未満 → 0	
⑨喀痰吸引の実施割合	10%以上 → 5	5%以上 → 3	5%未満 → 0	
⑩経管栄養の実施割合	10%以上 → 5	5%以上 → 3	5%未満 → 0	

※1 訪問リハビリテーションを含む　※2 PT、OT、ST いずれも配置
※3 社会福祉士の配置あり　**※4** 社会福祉士の配置なし

2 利用者の急変時などに協力医療機関との連携体制の強化・情報共有を評価

今回の改定に伴う省令改正により協力医療機関を定め、連携体制を構築することになりました（3年間は努力義務）。その協力医療機関と定期的に現病歴などの情報共有を行う会議を実施することにより、「協力医療機関連携加算」が新たに算定できるようになりました。

また、医療機関からの患者を受け入れたことを評価する初期加算についても、受け入れをさらに促進するために、初期加算Ⅰ、初期加算Ⅱと新たな区分を設けました。空床情報などを地域の医療機関に定期的に情報共有していくことなどが算定条件として求められます。

3 ターミナルケア加算の見直し

介護老人保健施設におけるターミナルケアについては、死亡日が近づいてから入所し、看取りを行うケースが増えています。こうした状況を受けて、死亡日から離れた区分における評価を引き下げ、死亡日に近い区分の評価を引き上げることで看取りへの重点的なケアが行われるように配慮されました。

4 認知症チームケア推進加算の新設

認知症の行動・心理症状（BPSD）の予防にチームで取り組む施設などを評価するため、「認知症チームケア推進加算」が新設されました。日頃からBPSDの予防に取り組んでいることが必要で、そのうえで加算Ⅰは、現行の認知症介護実践リーダー研修の修了者または認知症チームケア推進研修の修了者を1人以上配置していること、加算Ⅱは、認知症介護実践リーダー研修修了後に施設内でBPSDに対応するチームを組んでいることが必要になります。

5 リハビリテーションに関する加算

認知症短期集中リハビリテーション実施加算では新区分が設けられ、加算Ⅰ（240単位／月）とⅡ（120単位／月）に分けられることになりました。新設となる加算Ⅰにおいては、現行の要件に加えて、理学療法士、作業療法士などのリハビリテーション専門職が、利用者が退所後に生活する居宅または施設を訪問し、把握した生活環境をふまえてリハビリテーション計画を作成することが求められます。

このように要件も新しくなっているため注意が必要です。

各加算の新設・見直し

所定疾患施設療養費　要件追加

従来の要件
肺炎・尿路感染症・帯状疱疹・蜂窩織炎

＋

2024年改定の追加要件
慢性心不全が増悪した場合

協力医療機関連携加算　新設

協力医療機関が相談・診療体制を確保している場合

2024年度	2025年度～
100単位／月	50単位／月

左記以外の協力医療機関の場合

5単位／月

ターミナルケア加算　見直し

死亡日45～31日前	死亡日30～4日前	死亡日前々日・前日	死亡日
72単位/日	160単位/日 ※改定なし	910単位/日	1,900単位/日

認知症チームケア推進加算　新設

認知症チームケア推進加算Ⅰ
150単位／月

- 認知症介護指導者養成研修と認知症チームケア推進研修の修了者を1人以上配置、チームを編成
- カンファレンスの実施（月1回以上）など

認知症チームケア推進加算Ⅱ
120単位／月

※認知症専門ケア加算Ⅰ・Ⅱを算定している場合は算定不可

退所時栄養情報連携加算　新設

退所時栄養情報連携加算：70単位／回
1月につき1回を限度

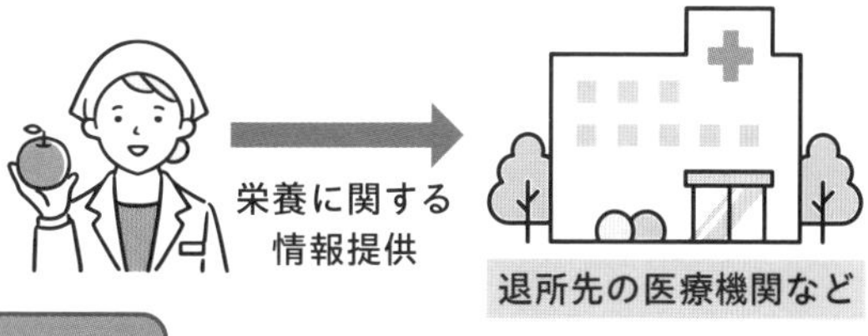

かかりつけ医連携薬剤調整加算　見直し・新設

かかりつけ医連携薬剤調整加算 Ⅰ	イ：140単位／回（変更） ロ：70単位／回（新設）
かかりつけ医連携薬剤調整加算 Ⅱ	240単位／回（変更なし）
かかりつけ医連携薬剤調整加算 Ⅲ	100単位／回（変更なし）

ポリファーマシー解消の取り組みを推進するための薬剤評価・調整に対する評価

19 介護医療院

ココをチェック! **必要な医療提供体制の確保へ**

- ☑「必要な医療が提供される体制」の確保は施設運営の必須事項に
- ☑ 原則、利用者全員に「看取り」を視野に入れた計画作成
- ☑「すべての利用者の口腔衛生状態・口腔機能の評価の毎月実施」が義務化

必要な医療提供体制と看取りを視野に入れた計画作成

1「必要な医療が提供される体制」の確保が施設運営の必須事項に

今回の改定ポイントの１つ目は、必要な医療が提供される体制の確保です。すべての施設で、利用者の急変時に対応する協力医療機関を決め、協力内容を含めて都道府県に報告することが義務づけられました（3年間は努力義務）。

また、新型コロナウイルス感染症のパンデミックのような事態が再来したときの備えとして、新興感染症の発生時などを想定した「平時からの医療介護連携」を構築しておくべきことが基準省令に追加され、研修・訓練への参加や感染制御などにかかる実地指導を受けることに加算がつけられました（p.102参照）。

2 原則、利用者全員に「看取り」を視野に入れた計画作成

ポイントの２つ目が、介護医療院の施設特性をふまえた「看取りへの対応の拡充」です。原則として、利用者全員に対して、施設サービス計画作成時に「人生の最終段階における医療・ケアの決定プロセスに関するガイドライン」に沿った医療・ケアの方針の決定手続きを実施することが、基本報酬の算定要件に組み込まれました。

3「口腔衛生状態・口腔機能の評価の毎月実施」が義務化

利用者の状態に応じた「口腔衛生の管理」を計画的に行うことが、2024（令和6）年度から介護保険施設に義務づけられました（2024（令和6）年3月末まで努力義務とされてきた経過措置期間が終了）。あわせて、新たに「すべての利用者に口腔衛生状態・口腔機能の評価を毎月実施」という項目が追加されました。

基本報酬

	要介護1	要介護2	要介護3	要介護4	要介護5
Ⅰ型介護医療院サービス費(Ⅰ)(多床室)強化型Ａ相当	833単位	943単位	1,182単位	1,283単位	1,375単位

	要介護1	要介護2	要介護3	要介護4	要介護5
Ⅱ型介護医療院サービス費(Ⅰ)(多床室)転換老健相当	786単位	883単位	1,092単位	1,181単位	1,261単位

〈看取りへの対応の拡充で追加された規定〉

8－(7)②の準用による③(6－1)②

リ　施設サービス計画の作成や提供にあたり、入所者本人が希望しない場合を除き、入所者全員に対して、厚生労働省「人生の最終段階における医療・ケアの決定プロセスに関するガイドライン」等を参考にしつつ、本人の意思を尊重した医療・ケアの方針が実施できるよう、多職種が連携し、本人及びその家族と必要な情報の共有等の支援を行うこと。（平成12年３月８日老企第40号より抜粋、下線は加筆）

口腔衛生管理の計画的実施を「義務化」

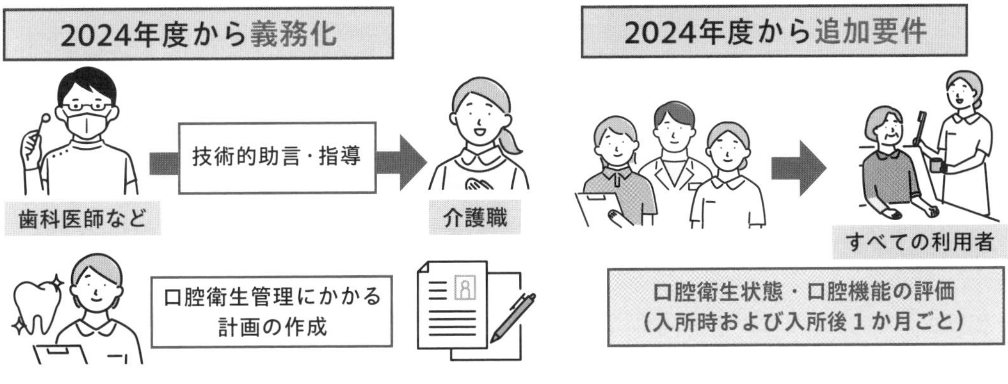

その他の経過措置→義務化になる事項

- 職員の認知症介護基礎研修の受講
- 利用者の状態に応じた計画的な栄養管理
- 感染症の予防およびまん延防止のための訓練（年２回以上）の実施

廃止

介護医療院の前身「介護療養型医療施設」の廃止に伴い、「長期療養生活移行加算」も廃止

医療提供体制の確保

1 協力医療機関と「急変時の対応」を取り決めて都道府県に報告

協力医療機関については、改定前は「病状の急変等に備えるため、あらかじめ協力病院を定めておかなければならない」という形式的な義務づけでしたが、今回の改定に伴う省令改正で要件や手続きが厳格化されました。各施設は協力医療機関との間で、実際に急変時にどのような対応をとるかをあらかじめ取り決め、年1回以上それを確認するとともに、取り決め内容を都道府県に届け出ることが義務づけられました(2027(令和9)年度までは努力義務)。

加算によるインセンティブ

協力医療機関との連携が進むように、インセンティブとして「協力医療機関連携加算」も用意。2025（令和7）年3月までは、協力医療機関確保の前倒しを促す趣旨で、算定単位数が倍額に設定されている

2 新興感染症の発生時などを想定した「平時からの医療介護連携」

今後の新興感染症の発生に備えて、介護保険施設と居住系サービスの事業所においては、平時から医療介護連携体制を構築しておくことが努力義務となりました。施設内で感染者が出た場合に迅速に対応できるように、あらかじめ第二種協定指定医療機関との間で「新興感染症の発生時などの対応」を取り決めておくことが求められます。

なお、協力医療機関が第二種協定指定医療機関である場合は、新興感染症の発生時などの対応について協議を行うことが「義務」とされました。

加算によるインセンティブ

これらの連携が進むように、インセンティブとして「高齢者施設等感染対策向上加算」が新設

3 パンデミック発生時の施設内療養への評価

新興感染症のパンデミックが発生した場合を想定した報酬として、「新興感染症等施設療養費」(240単位／日）が新設されました。1か月に1回、連続する5日を限度として算定可能です。

医療提供体制の確保

「協力医療機関」確保の義務づけ

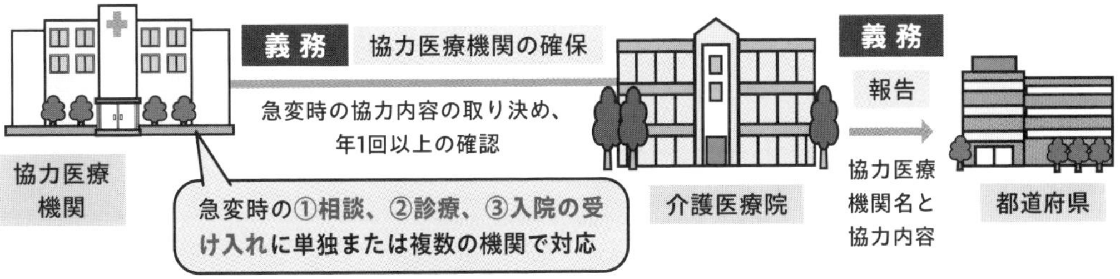

協力医療機関連携加算　新設

協力医療機関が上記の①～③の要件を満たす場合

2024年度	2025年度～
100単位／月	50単位／月

左記以外の協力医療機関の場合

5単位／月

「新興感染症の発生時などの対応」取り決め

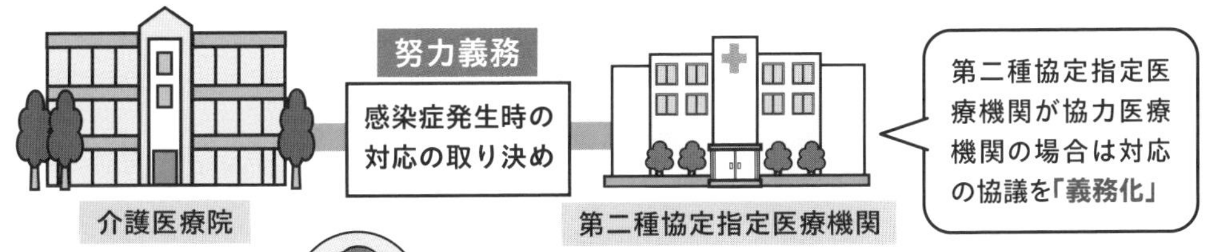

連携に対する評価　新設

高齢者施設等感染対策向上加算Ⅰ　10単位/月

①新興感染症を想定した連携体制の確保
②協力医療機関などと一般的な感染症に対処するための連携体制を構築
③院内感染対策に関する研修・訓練への参加（年1回以上）

高齢者施設等感染対策向上加算Ⅱ　5単位/月

診療報酬の感染対策向上加算にかかる届出を行った医療機関から、感染者発生時の感染制御などにかかる実地指導を受けている（3年に1回以上）

新設や変更された加算と基準

1 BPSDの予防や早期対応のためのチームアプローチを促進

認知症の行動・心理症状（BPSD）の発現を未然に防ぐため、あるいはBPSD出現時に早期に対応するために、平時からチームで実施する取り組みを評価する「認知症チームケア推進加算」が新設されました。

2 退所先への栄養情報“引き継ぎ”を促進

介護保険施設から退所する人の「栄養管理に関する情報」を、退所先に引き継いだ場合に算定できる「退所時栄養情報連携加算」が新設されました。

3 再入所時栄養連携加算の対象拡大

介護保険施設の利用者が急変などで入院後、再入所を受け入れる際の施設と病院間の栄養関連の情報連携を評価する「再入所時栄養連携加算」の対象が拡大され、特別食などを必要とする利用者も算定対象に加えられました。

4 自立支援促進加算の見直し

自立支援促進加算について、データ提出など算定に要する事務負担の軽減が図られる一方で、単位数が引き下げられました（300単位→280単位）。

5 リハビリテーション・機能訓練、口腔、栄養の一体的な取り組みを推進

リハビリテーション・機能訓練、口腔管理、栄養管理が一体的に取り組まれるように、LIFEの情報を活用して関係職種による分野を越えた情報共有を促す加算として、特別診療費に「理学療法 注7」「作業療法 注7」「言語聴覚療法 注5」の加算が新設されました。

6 ユニットケア施設管理者研修の受講が努力義務に

ユニット型施設の管理者は、「ユニットケア施設管理者研修」を受講することが努力義務となりました。

介護医療院における新設や変更された加算

認知症チームケア推進加算　新設

認知症チームケア推進加算Ⅰ
150単位／月

- 認知症介護指導者養成研修と認知症チームケア推進研修の修了者を１人以上配置、チームを編成
- カンファレンスの実施（月１回以上）など

認知症チームケア推進加算Ⅱ
120単位／月

※認知症専門ケア加算Ⅰ・Ⅱを算定している場合は算定不可

退所時栄養情報連携加算　新設

介護医療院の管理栄養士

栄養管理に関する情報提供 →

70単位／回
1月につき1回を限度

退所先の自宅や他の介護保険施設、医療機関

ケアマネジャー

再入所時栄養連携加算

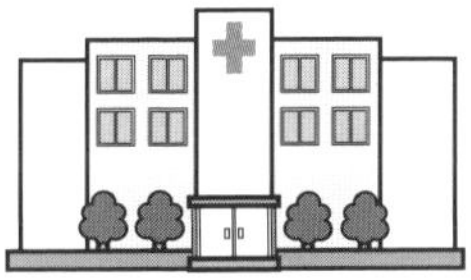

医療機関

情報連携 →

特別食などを必要とする利用者も加算の算定対象に追加

対象拡大

入院前の施設に再入所

特別診療費

①LIFEの情報を活用した情報共有

②口腔衛生管理加算Ⅱおよび栄養マネジメント強化加算を算定

③情報をもとにリハビリテーション計画などの見直し

→ 新設

理学療法 注7
作業療法 注7
言語聴覚療法 注5

20単位／月

20 特定施設入居者生活介護

ココをチェック! 医療と介護の連携の推進

- ☑ 基本報酬は微増
- ☑ 夜間看護体制の強化
- ☑ 入居継続支援加算の見直し
- ☑ 感染症対応力の向上
- ☑ 医療機関との連携

基本報酬の見直しと医療的ケアの重視

1 基本報酬は0.5%～ 0.8%の増加

基本報酬の改定率は0.5%～0.8%の増加となりました。これは地域密着型についても同様の引き上げ率となっています。

2 夜間看護体制の強化

夜間の看護職員の体制を強化し、医療的ケアが必要な入居者の積極的な受け入れを促進する観点から、夜間看護体制加算を見直しました。具体的には「夜勤または宿直の看護職員の配置」を行う場合について評価する新たな区分(加算Ⅰ)を設けています。

その際、現行の加算区分については、新たな加算区分の取り組みを促進する観点から、加算Ⅱとして評価の見直しが行われました。

3 医療的ケアの推進に向けた入居継続支援加算の見直し

医療的ケアを必要とする入居者が一定数いる特定施設入居者生活介護（以下、特定施設）において、入居者の医療ニーズをふまえた看護職員によるケアを推進する観点から、医療的ケアを必要とする人の範囲が見直されました。

具体的には、尿道カテーテルを留置している状態の人、在宅酸素療法を実施している状態の人、インスリン注射を実施している状態の人が追加されました。

基本報酬

	要介護1 	要介護2 	要介護3 	要介護4 	要介護5 
特定施設	542単位	609単位	679単位	744単位	813単位
地域密着型特定施設	546単位	614単位	685単位	750単位	820単位

特定施設入居者生活介護における新設の加算と見直し

夜間看護体制加算

〈改定前〉

夜間看護体制加算
10単位／日

→ 夜間看護体制加算Ⅰ
18単位／日
（新設）

→ 夜間看護体制加算Ⅱ
9単位／日
（従来の区分と同じだが引き下げ）

＜加算Ⅰの要件＞

従来の要件

- 常勤の看護師を1人以上配置、看護の責任者を定めている
- 重度化した場合の対応指針を定め、利用者や家族に説明と同意を得ている

＋

新設要件

夜勤または宿直の看護職員を１人以上配置、健康管理体制の確保

入居継続支援加算

従来の医療的ケアの対象範囲

- 喀痰吸引（口腔内、鼻腔内、気管カニューレ内部）
- 経管栄養（胃ろうまたは腸ろうによるもの、経鼻経管栄養）

→ 範囲が拡大！

尿道カテーテルを留置

在宅酸素療法の実施

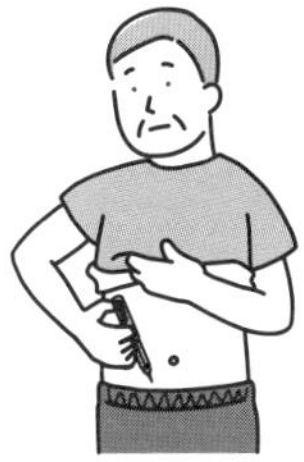

インスリン注射の実施

4 感染症対応力の向上と施設内療養を行う高齢者施設などへの対応

施設内で感染者が発生した場合に、感染者の対応を行う医療機関との連携のうえで、感染者の療養を行うことや、他の入居者などへの感染拡大を防止することが求められることから、新たに「高齢者施設等感染対策向上加算」が設けられました。

また、診療報酬の感染対策向上加算にかかる届出を行った医療機関から、施設内で感染者が発生した場合の感染制御などの実地指導を受けることは、加算Ⅱとして評価されます。

さらに、新興感染症のパンデミック発生時において、施設内で感染した高齢者に対して必要な医療やケアを提供する観点や、感染拡大に伴う病床ひっ迫を避ける観点から、新たに「新興感染症等施設療養費」が設けられました。これは、パンデミック発生時に、必要な感染対策や医療機関との連携体制を確保したうえで、施設内で感染した高齢者の療養を行った場合に算定されます。

医療機関との連携

1 協力医療機関との定期的な会議の実施

特定施設における医療機関連携加算について、定期的な会議の場で入居者の現病歴などの情報共有を行うよう見直しが行われました。

2 退所する医療機関への情報提供

特定施設の入居者が医療機関へ退所する際、入居者の同意を得て、心身の状況や生活歴などの情報提供を行うことを評価する「退所時情報提供加算」が新設されました。

3 新興感染症の発生時などに対応する医療機関との連携

入居者のなかで新興感染症が発生したときなどに、感染者の診療を迅速に対応できる体制を平時から構築しておくため、感染者の診療を行う協定締結医療機関と連携し、新興感染症発生時の対応を取り決めるよう努めることとされました。

また、協力医療機関が協定締結医療機関である場合には、その協力医療機関との間で、新興感染症の発生時の対応について協議を行うことが義務づけられました。

感染対策や医療連携に関する新設の加算

高齢者施設等感染対策向上加算Ⅰ　10単位／月

新設

①新興感染症を想定した連携体制の確保

②協力医療機関などと一般的な感染症に対処するための連携体制を構築

③院内感染対策に関する研修・訓練への参加（年1回以上）

高齢者施設等感染対策向上加算Ⅱ　5単位／月

新設

診療報酬の感染対策向上加算にかかる届出を行った医療機関から、感染者発生時の感染制御などにかかる実地指導を受けている
(3年に1回以上)

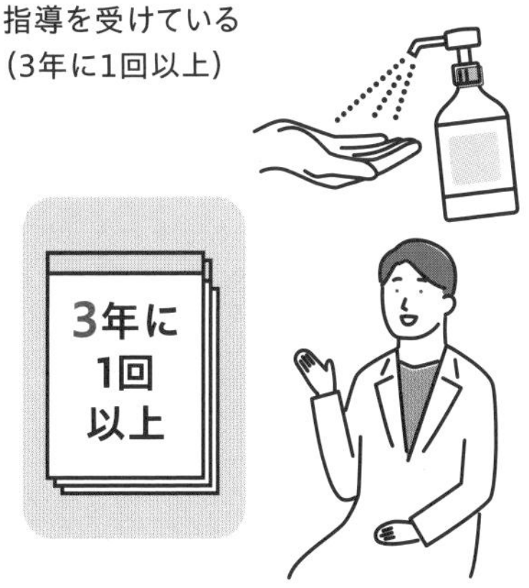

感染対策を確保のうえ、
高齢者を施設内で療養した場合

新設

新興感染症等施設療養費

240単位／日

月1回、連続する5日を限度

退所時情報提供加算

新設

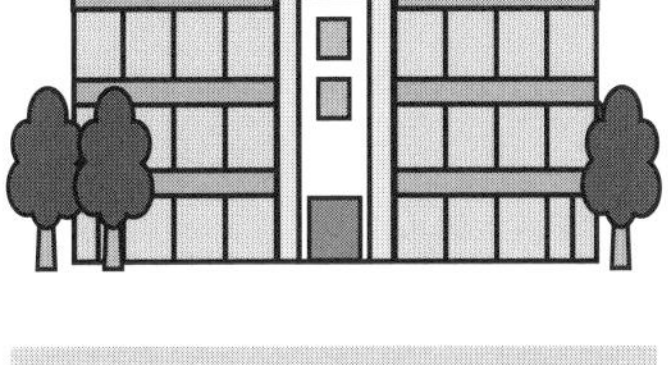

特定施設入居者生活介護

心身の状況、生活歴などの
情報提供

250単位／回
入居者1人につき
1回を限度

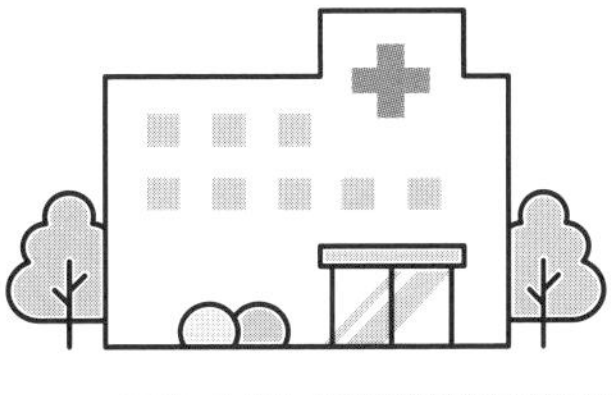

退所後に入院する医療機関

21

グループホーム

ココをチェック! **協力医療機関との連携強化と夜勤の人員配置緩和**

- ☑ 基本報酬はすべての介護度において1単位ずつ引き上げ
- ☑ 協力医療機関の指定に努める
- ☑ 新興感染症の発生時に対応する医療機関との連携
- ☑ 夜間支援体制加算の見直し

医療ニーズのある利用者への対応として協力医療機関との連携強化

1 医療との連携体制強化

医師や看護師の配置が必須ではない認知症対応型共同生活介護（グループホーム）では、医療ニーズへの対応が課題とされてきましたが、今回の改定で協力医療機関の指定に努めることとなりました。協力医療機関とは、利用者の急変時に医師などへの相談体制の確保や、診療の求めがあった際の診療体制を確保している医療機関をいいます。医療ニーズのある利用者に対して適切な対応を行う体制をとることが求められます。

2 医療機関への情報提供や新興感染症に関する加算の新設

把握している利用者に関する生活状況の情報提供を促進するため、退居後に入院する医療機関に対して、心身の状況などの情報提供したことを評価する「退居時情報提供加算」が新設されました。また、認知症の行動・心理症状（BPSD）の予防、早期対応への取り組みの評価として、「認知症チームケア推進加算」や、新興感染症への対応を行った場合の「新興感染症等施設療養費」（240単位／日）が新設されました。

3 見守り機器などの導入による夜間の人員配置の緩和

グループホームの人材不足と夜勤体制のあり方については、以前より議論がなされており、夜間支援体制加算を算定している事業所が少ないことも課題とされていました。そこで、今回の改定で3ユニットに2人以上の配置と要件を緩和し、ICTなどを活用した見守り機器を導入した場合、夜間の人員配置基準が緩和されました。

基本報酬

1ユニットの場合

要支援2	要介護1	要介護2	要介護3	要介護4	要介護5

761単位	765単位	801単位	824単位	841単位	859単位

グループホームにおける各加算の新設

〈新設〉協力医療機関連携加算

協力医療機関が相談・診療体制を確保の場合

100単位／月

左記以外の協力医療機関の場合

40単位／月

〈新設〉退居時情報提供加算

グループホーム

心身の状況、生活歴などの情報提供

250単位／回
入居者1人につき1回を限度

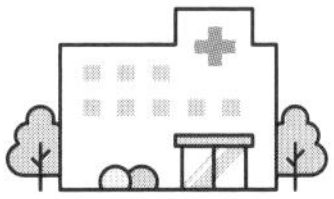

退居後に入院する医療機関

〈新設〉認知症チームケア推進加算

BPSD の予防、
早期対応

認知症チームケア推進加算Ⅰ

150単位／月

認知症チームケア推進加算Ⅱ

120単位／月

※認知症専門ケア加算Ⅰ・Ⅱを算定している場合は算定不可

夜間の人員配置基準の見直し

従来の要件

常勤換算方法で１人以上の夜勤職員または宿直職員を配置

従来の要件に加え、新設要件を満たす場合にも

夜間支援体制加算を算定

新設

夜間の加配人数

0.9人以上

要件

- 見守り機器を導入（利用者の 10%）
- サービスの質の確保や負担軽減を検討する委員会の設置
- サービスの質の確保などについて委員会で検討を行う

22

全サービス共通

ココをチェック! 良質な介護サービスの効率的な提供に向けた働きやすい職場づくり

- ☑ 介護職員等処遇改善加算への一本化
- ☑ 業務継続計画（BCP）未策定事業所への減算適用
- ☑ 高齢者虐待防止措置が未実施の事業所への減算適用
- ☑ 介護サービス事業所におけるテレワークの取り扱い
- ☑ 生産性向上推進体制加算の新設
- ☑ 治療と仕事の両立を支援する枠組みの新設
- ☑ 管理者の責務と兼務できる範囲の明確化

全サービスに共通する介護サービスの効率的な提供体制の整備

1 介護職員の処遇改善

介護職員の処遇改善に向けて、介護職員の賃金アップやキャリア支援を実施している事業所は、介護職員処遇改善加算を受けることができました。その後、介護職員等特定処遇改善加算、介護職員等ベースアップ等支援加算が加わりましたが、介護職員の人材不足は今も大きな課題となっています。

そこで、今回の改定では、これら３つの処遇改善加算を４段階の「介護職員等処遇改善加算」に一本化することで手続きの簡素化を図りました。新加算全体については、職種に着目した配分ルールは設けず、事業所内で柔軟な配分を認めることになっています（p.37 参照）。

2 業務継続計画（BCP）未策定の事業所に対する減算

感染症がまん延したり自然災害が発生したりした場合でも、必要な介護サービスを継続的に提供できる体制を構築するため、すべての介護施設・事業所（居宅療養管理指導と特定福祉用具販売は除く）には 2024（令和 6）年４月より業務継続計画（BCP）の策定が義務づけられました。この計画策定を徹底する観点から、計画未策定の事業所に対しては基本報酬の減算がなされます。

介護職員等処遇改善加算に一本化

従来の 3 つの加算
- 特定処遇改善加算（Ⅰ）（Ⅱ）
- ベースアップ等支援加算
- 処遇改善加算（Ⅰ）（Ⅱ）（Ⅲ）

移行○ → 介護職員等処遇改善加算Ⅰ～Ⅳ（経過措置〔～2025年3月31日〕）

すぐは ✕ → 介護職員等処遇改善加算Ⅴ

→ 一本化　Ⅰ～Ⅳ

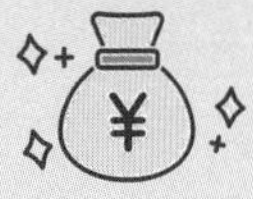

介護職員等処遇改善加算の算定要件

加算Ⅰ：加算Ⅱの要件 ＋ 経験・技能のある介護職員の一定割合以上の配置

加算Ⅱ：加算 Ⅲの要件 ＋
- 改善後の賃金年額440万円以上が1人以上
- 職場環境の改善、見える化

加算Ⅲ：加算 Ⅳの要件 ＋ 経験年数や資格に応じた昇給の整備

加算Ⅳ：
- 加算Ⅳの 2 分の 1 以上を月額賃金で配分
- 職場環境の改善（職場環境等要件）
- 賃金体系の整備
- 研修の実施

業務継続計画未実施に対する減算

● 業務継続計画(BCP) 未策定の場合

感染症および災害に関する BCP または両方が未策定

新設 → 業務継続計画未実施減算
以下の単位数を減算
〈施設・居住系サービス〉
所定単位数の 3% 相当
〈その他のサービス〉
所定単位数の 1% 相当

居宅療養管理指導と、特定福祉用具販売は対象外

経過措置【～2025 年 3 月 31 日】

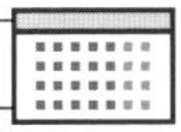

- 策定を開始していれば、減算は適用されない
- 訪問系サービス、福祉用具貸与、居宅介護支援は、未策定でもこの間は減算が適用されない

3 高齢者虐待防止の推進

前回の2021(令和3)年度の改定において、高齢者虐待の発生や再発を防止するための措置として、すべての介護施設・事業所（居宅療養管理指導と特定福祉用具販売を除く）に対し、対策を検討する委員会の開催、虐待防止の指針の整備、職員に対する研修の定期的な実施、これらの措置を適切に実施する担当者を置くことが求められています。今回の改定では、これらの措置が実施できていない施設･事業所に対して、新たに「高齢者虐待防止措置未実施減算」が適用となり、基本報酬の減算がなされます。

なお、福祉用具貸与については、サービス提供の状況が他のサービスとは異なることから、2024（令和6）年4月1日より3年間の経過措置期間が設けられています。

4 テレワークの取り扱い

今回の改定では、管理者も含めたテレワークについて、事業所の人員配置基準を柔軟にして規制を緩和することが定められました（居宅療養管理指導を除く）。ただし、その場合、利用者の処遇に支障が生じないことが前提となります。

また、テレワークに関しては職種によってできる業務が大きく異なるため、取り扱いを明確にすることや、職種・業務ごとに具体的な考え方を示すことなど、慎重な判断が求められます。

5 テクノロジーの活用促進

今回の改定では、介護サービス事業所における生産性向上の取り組みを評価する「生産性向上推進体制加算」が新設されました（訪問系サービスは除く）。この加算は、介護ロボットやICTなどのテクノロジーの導入を通じて、介護サービスの質を確保しつつ、職員の負担軽減に資する生産性向上の取り組みを推進することを目的としています。

介護人材の確保は非常に大きな課題となっています。そのため、介護職員の処遇改善とともに、テクノロジーの活用による生産性向上の取り組みが重要だと位置づけられています。介護現場へのテクノロジー導入を検討する際には､現場の課題を整理し、その解決に必要なテクノロジーを選定することが重要です。

また、テクノロジーの導入にあたっては、利用者の安全確保と職員の負担軽減という両立を図ることが求められます。

高齢者虐待防止に向けた措置

身体的拘束など

防止に向けた措置として……

委員会の開催

- 虐待防止の対策に向けた検討委員会を開催
- 結果を職員全員に周知

研修の定期的な実施

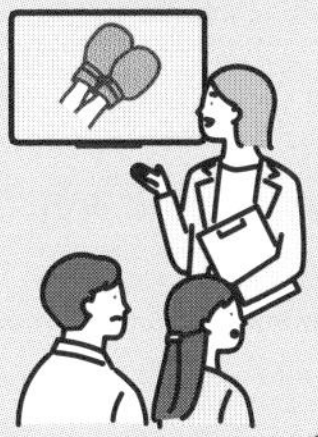

担当者の配置

虐待防止措置を適切に実施するための担当者の配置

未実施の場合、減算適用
（福祉用具貸与は、3 年間の経過措置）

新設

高齢者虐待防止措置未実施減算
所定単位数の 1%に相当する単位数を減算

テレワークの取り扱い

〇 **テレワークを選択できる業務（例）**

事務・書類作成

外部の専門職との連絡調整

家族との面談

✕ **テレワークを原則選択できない業務**

介護職員、看護職員、リハビリテーション専門職が行う利用者を直接処遇する業務

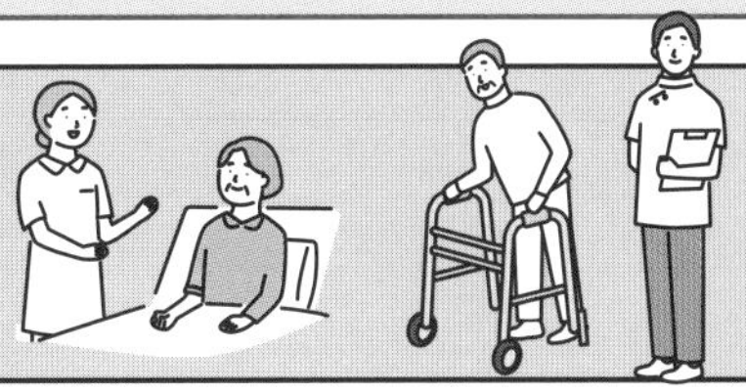

生産性向上の取り組みを評価する加算

- 見守り機器などのテクノロジーを１つ以上導入
- 生産性向上の具体策を検討する委員会を設置　など

介護記録
ソフトウェア
など

新設

生産性向上推進体制加算Ⅰ
100 単位／月

新設

生産性向上推進体制加算Ⅱ
10 単位／月

6 人員配置基準における治療と仕事の両立支援への配慮

育児休業、介護休業等育児又は家族介護を行う労働者の福祉に関する法律(育児・介護休業法)に、治療と仕事の両立支援が位置づけられました。そこで今回の改定では、介護職員自身が抱える持病などの治療を行いながら働き続けることを支援する枠組みができました。これにより、職員の離職防止・定着促進を図ることとなります。

7 管理者の責務と兼務範囲の明確化

これまでは介護保険事業所の管理者の兼務には制限が多く、同一敷地内でなければ兼務は認められませんでした。今回の改定では、管理者が兼務できる事業所の範囲について、管理者がその責務を果たせる場合には、同一敷地内の他の事業所や施設などでなくても差し支えないことが明確化されました。管理者の兼務範囲の拡大は、介護サービスをより効率的に提供できる環境を整備する施策の一環といえます。

8 いわゆるローカルルールについて

都道府県に対して、人員配置基準におけるローカルルールについては、「厚生労働省令に従う範囲内で地域の実情に応じた内容とする」と言及されました。そして、都道府県および市町村は、事業所からローカルルールに関する説明を求められたときには、そのルールの必要性について説明できるようにしておかなければなりません。

9 「書面掲示」規制の見直し

多くの介護サービス事業所では壁面などの目立つところに運営規定の概要等を記載した重要事項が掲示されています。これに加え、インターネット上で情報の閲覧が完結するように、今回の改定では重要事項を法人のホームページか、介護サービス情報公表システムのいずれかに掲載・公表するように義務づけました。

この「書面掲示」規制の見直しについては、1年間を経過措置期間としています。つまり、2025(令和7)年3月31日までには掲示していなければいけない、ということになります。

重要事項の内容については、制度改正のたびに記載しなければならない内容も増えるでしょう。そのため、行政に変更届を提出するタイミングや実地指導のタイミングで最新版をアップロードするとよさそうです。

治療と仕事の両立支援に伴う「常勤」「常勤換算」の取り扱い

	母性健康管理措置による短時間勤務	育児・介護休業法による短時間勤務制度	新設 「治療と仕事の両立ガイドライン」に沿って事業者が自主的に設ける短時間勤務制度
「常勤」の取り扱い 週 30 時間以上の勤務			新設 
「常勤換算」の取り扱い 【短時間勤務制度等を利用する場合】 週30時間以上の勤務で常勤換算での計算上も１（常勤）と扱うことを認める			新設 

人員基準に関するいわゆるローカルルール（おもなもの）

同一事業所内における管理者の兼務できる職種の限定

例

通所介護
管理者と生活相談員の兼務のみ認める

管理者が兼務できる職種の数の上限の規定

例

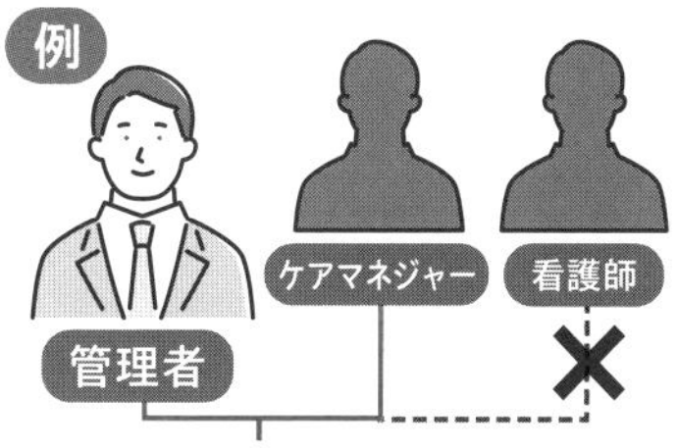

管理者含め２職種まで

職員の特定の資格所持の規定

例

ケアマネジャー
or
介護福祉士

生活相談員はケアマネジャー、介護福祉士などのいずれかの資格がある者

「書面掲示」規制の見直し

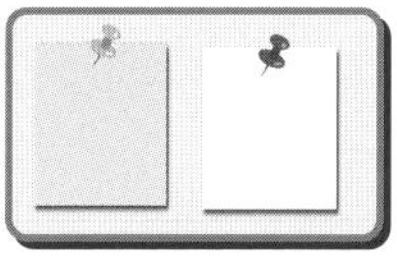

重要事項の掲示

→

インターネット上での公開を義務づけ

経過措置
【～2025年3月31日】

第3章

診療報酬・障害福祉サービスの報酬改定もチェック!

診療報酬

1 2024年 診療報酬改定の全体像をチェック!

診療報酬改定の基本方針

現在、物価が上昇するなか、賃上げや労働環境の改善などに取り組むことで医療従事者の人材確保に力を入れていかなければなりません。また、社会保障費は右肩上がりで増加しており、今後もこの傾向は続くことが予想されます。安心して医療にかかることができるような体制づくりが求められているなか、次のような診療報酬改定が行われました。

改定方針と概要

人材確保・働き方改革などの推進

- 医療従事者の人材確保、賃上げ
- ICT の利活用の推進
- 労働環境の改善の取り組みへの評価
- 多様な働き方の評価の拡充　など

安心・安全で質の高い医療の推進

- 物価上昇への対応
- 生活習慣病への対応
- 口腔疾患の重症化予防、歯科医療の推進
- かかりつけの薬局に対する評価　など

地域包括ケアシステムの深化・推進など

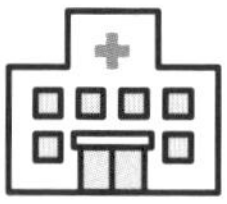

- 医療 DX の推進
- 生活に配慮した医療の推進
- リハビリテーション、栄養、口腔の連携
- 感染症に対応可能な医療提供体制の構築　など

医療保険制度の安定性・持続可能性の向上

- 後発医薬品の使用促進
- 費用対効果評価制度の活用
- 市場価格をふまえた適正な評価
- 医薬品の適正使用の推進　など

ココをチェック!

☑ 賃上げや入院基本料等の引き上げ

入院基本料等の引き上げや初再診料の引き上げにより、2.3%の賃上げができるように調整されました。

☑ 医療DXの推進

医療DXとは、保健・医療・介護の各段階における情報を、クラウドなどにより、保健・医療や介護関係者の業務やシステム、データ保存の外部化などを図り、国民自身の予防を促進し、良質な医療等を受けられるよう、社会や生活の形を変えることです。

健康保険証の役割をマイナンバーカードが担うことで、医療DXを推進できるよう、新たに「医療DX推進体制整備加算」が設けられました。

☑ 医療機能に応じた入院医療の評価

地域包括医療病棟の新設、急性期医療における診療実績や入院医療の提供体制に基づいた評価体制、回復期リハビリテーション病棟入院料、療養病棟入院基本料の見直しなどが行われました。

☑ 働き方改革

医師の時間外や休日の労働時間に対する基準の設定や、より質の高い医療を提供できるように、患者に対して直接的なケアを担う看護補助者が一定数以上配置されることについても評価がされることになりました。

医療DXの推進に向けた新設の加算

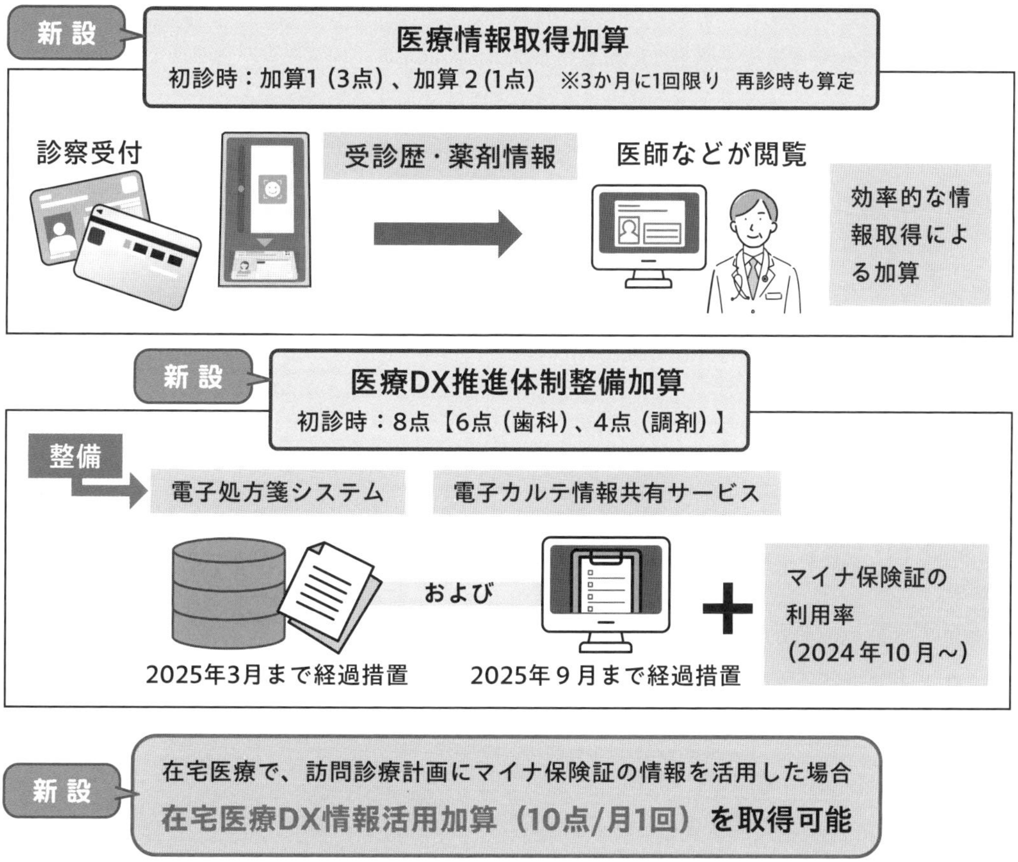

ポストコロナにおける感染対策の評価

コロナ禍による社会の混乱は一時期より落ち着いてきましたが、まだまだ油断をしてはいけない状況です。また、コロナ禍の経験から感染症に対する対応の重要性も明らかになり、感染対策に対する評価も以下のように行われました。

●発熱時の対応

多くの医療機関で発熱外来として専用の窓口を設けていますが、第８次医療計画における協定締結の枠組みをふまえて、「感染対策向上加算」の要件として都道府県知事の指定を受けている第一種協定指定医療機関（病床確保）や、第二種協定指定医療機関（発熱外来や自宅療養者への医療提供）であることが整理されました。

●特定感染症入院医療管理加算

感染管理が必要となる患者に対して、適切な感染対策を実施したうえで、入院医療を提供した場合に加算されることになりました。

地域包括診療料などの見直し

医療が適切に、また身近に受けられるように、かかりつけ医制度について推進がされているところではありますが、利用者が地域で生活を続けていくうえで、かかりつけ医とケアマネジャーの連携強化は大きな課題となっています。特にかかりつけ医の場合、専門領域ではない疾患などもあるため、処方の仕方についても考えながら治療を行っていくことが求められます。そのため、地域包括診療料などの見直しが行われることになりました。

見直しの要件

・家族などに対して、疾患名や治療計画を文章で適切に説明する（電子カルテを活用）
・ケアマネジャーとの密接な連携がとれるように対応する
・リフィル処方箋（医師の診察なく最大3回薬を受け取れる処方箋）について対応できるようにする

感染対策にかかる評価の見直し

介護保険施設等との連携

介護保険施設や自宅

指導などの求め

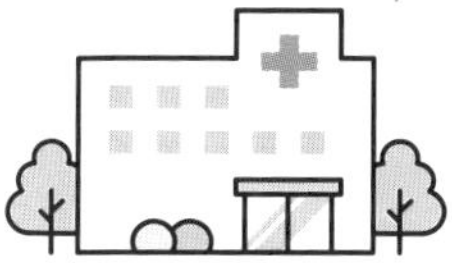

病院など

感染対策向上加算の施設基準

- 感染対策に関する実地指導
- 研修の合同での実施が望ましい規定を追加

病院などへの新たな評価や条件

感染対策向上加算の施設基準
→病床確保の協定締結を追加（加算1・2）
→病床確保または発熱外来の締結を追加（加算3）

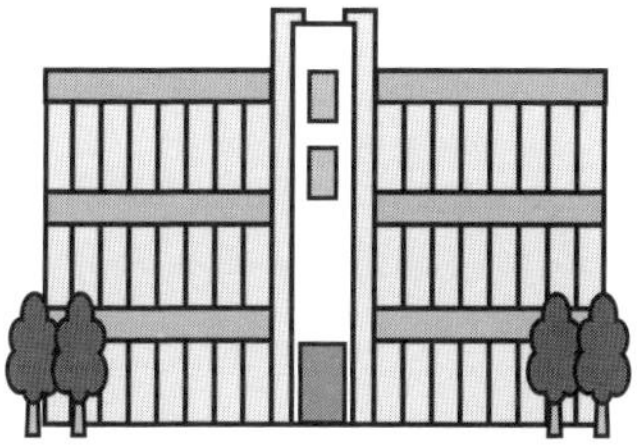

都道府県

外来感染対策向上加算の施設基準
→発熱外来の協定締結を追加

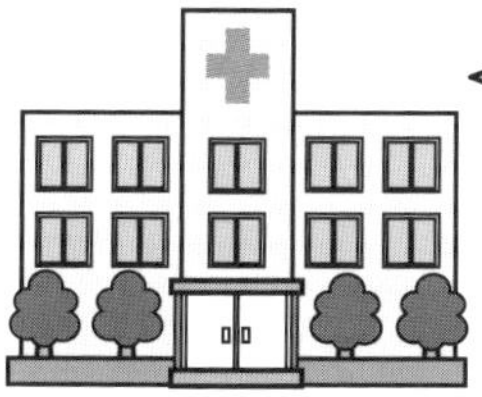

第一種・第二種協定指定医療機関

感染症患者への入院医療の評価
〈対象〉
3類～5類感染症および指定感染症のうち空気感染、飛沫感染などの対策が特に必要な患者

診療所

感染対策向上加算
1（710点）、2（175点）、3（75点）

外来感染対策向上加算
6点（月に1回限り）

算定施設

新設　**特定感染症入院医療管理加算**

適切な感染対策のもと対応した場合に加算

診療報酬

2 生活に配慮した医療の推進

2025年問題を見据えた地域包括ケアシステムの深化・推進

地域での生活を維持していくためには、介護保険施設等と医療機関との連携が重要です。しかし、非常時ともいえるコロナ禍においては、この連携がうまくいかないこともあり、現場でも混乱が生じたことでしょう。このような経験を基盤にして、より連携がとりやすい体制整備が求められるようになりました。また、医療技術の進歩やICT活用の環境が整備され、人生の最終段階において患者自身がどのような生活を望んでいるのか、その望みに対してできる限り対応していくことも求められています。

医療と介護の連携

緊急時に介護保険施設等と医療機関がスムーズに連携をとるためには、平時からその体制を整えておくことが必要です。そこで、在宅療養支援診療所や病院の施設基準として、介護保険施設等の求めに応じて協力医療機関を担うことが望ましいこととし、平時から連携体制を構築している医療機関の医師が往診を行った場合などに評価する「介護保険施設等連携往診加算」や、「往診時医療情報連携加算」の新設や要件の見直しが行われました。

また、ケアマネジャーと医療機関の連携をより強化するために、地域包括診療料などの算定要件にケアマネジャーおよび相談支援員との相談に応じること、を院内掲示することが追加されました。

加えて、医療と介護いずれも必要としている人に対して、できる限り施設での生活が続けられるように、高度な薬剤的管理を必要とする薬剤の処方を行う「処方箋料」や、末期の悪性腫瘍の患者に対する「がん性疼痛緩和指導管理料」など、介護保険施設における医療保険で給付できる医療サービスの範囲が見直されました。

医療機関での入院対応への評価

介護保険施設等の利用者は、疾患などのリスクを抱え、病状の急変も想定されます。そこで急変時などに、施設等と連携体制を構築する医療機関の医師が診察し、入院対応をした場合を評価する「協力対象施設入所者入院加算」が新設されました。

医療の推進に向けた評価などの見直し

人生の最終段階における医療・ケア

- 「適切な意思決定支援にかかわる指針」の作成を**地域包括診療料等の要件に拡大**
- **ICTを活用した情報連携を構築している**場合、「緩和ケア病棟緊急入院初期加算」の要件を満たす　など

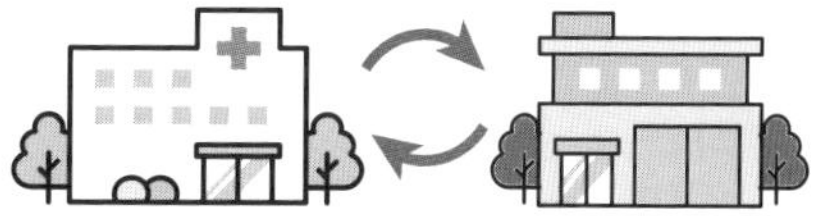

介護保険施設と医療機関の平時からの連携

- **協力医療機関**を担う(望ましい要件)
- 感染対策向上加算等の専従要件の緩和
- 平時から連携をとる医師が往診した場合
  介護保険施設等連携往診加算(200点)〈新設〉

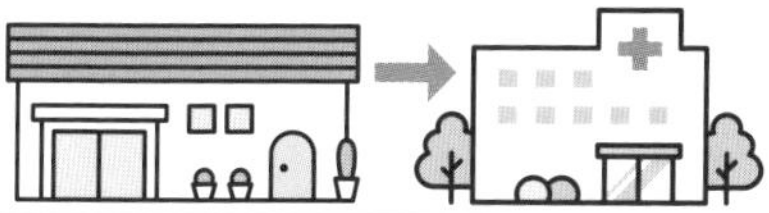

在宅療養支援診療所・病院

- 在宅療養支援診療所・病院でない医療機関の利用者に往診の場合
  往診時医療情報連携加算(200点)〈新設〉
- 訪問診療の回数が多い場合の施設入居時等医学総合管理料の見直し　など

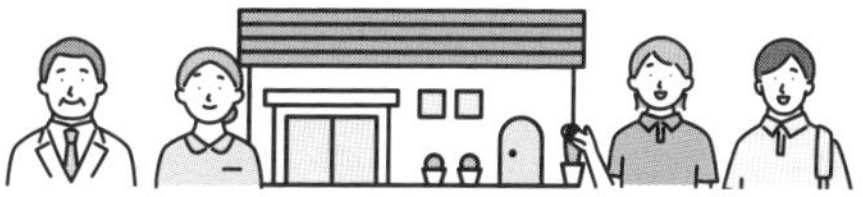

地域包括診療料、地域包括診療加算

- **サービス担当者会議または地域ケア会議への参加**を施設基準に追加
- かかりつけ医がケアマネジャーや相談支援員との相談に対応、およびそのことを院内掲示する要件を追加

診療報酬

3 リハビリテーション、栄養管理、口腔管理の連携・推進

急性期におけるリハビリテーション、栄養管理や口腔管理の取り組みの推進

リハビリテーションは、病気になる前の状態に近づけていく大事なプロセスです。リハビリテーションを適切な時期に、適切な内容で行うことができなければ、その後の生活にも大きな影響を与えてしまいます。

リハビリテーションというと慢性期のイメージが強いかもしれませんが、上記の点からいえば急性期にリハビリテーションをしっかりと行うことは非常に重要になってきます。また、栄養管理や食事なども生活能力の維持に大きくかかわってきます。

そこで、今回の診療報酬改定では、急性期医療におけるADL（日常生活動作）が低下しないための取り組みの推進と、リハビリテーション、栄養管理や口腔管理の連携・推進を図ることになりました。

リハビリテーション・栄養・口腔連携体制加算の新設

先にも述べたとおり、リハビリテーションを行うには、さまざまな領域において、できるだけ早い段階で実施することが求められます。しかし、各領域が漫然と行うのでは意味がなく、連携を図ることが重要になります。

そのため、急性期医療において、多職種によるリハビリテーション、栄養管理、口腔管理にかかわる計画を作成した日から14日を限度に、新たに「リハビリテーション・栄養・口腔連携体制加算」が算定できるようになりました。算定要件は、以下のとおりです。

①入院患者に対して入院後48時間以内にその計画を作成すること
②ただ作成するだけではなく、状態に応じて定期的な再評価が行われること
③密な連携に基づいた計画を立てることができるように、定期的なカンファレンスを行うこと
④口腔状態を評価し、口腔衛生状態が不良などの課題がある場合は歯科医師などと連携すること　など

リハビリテーション、栄養管理、口腔管理の連携・推進

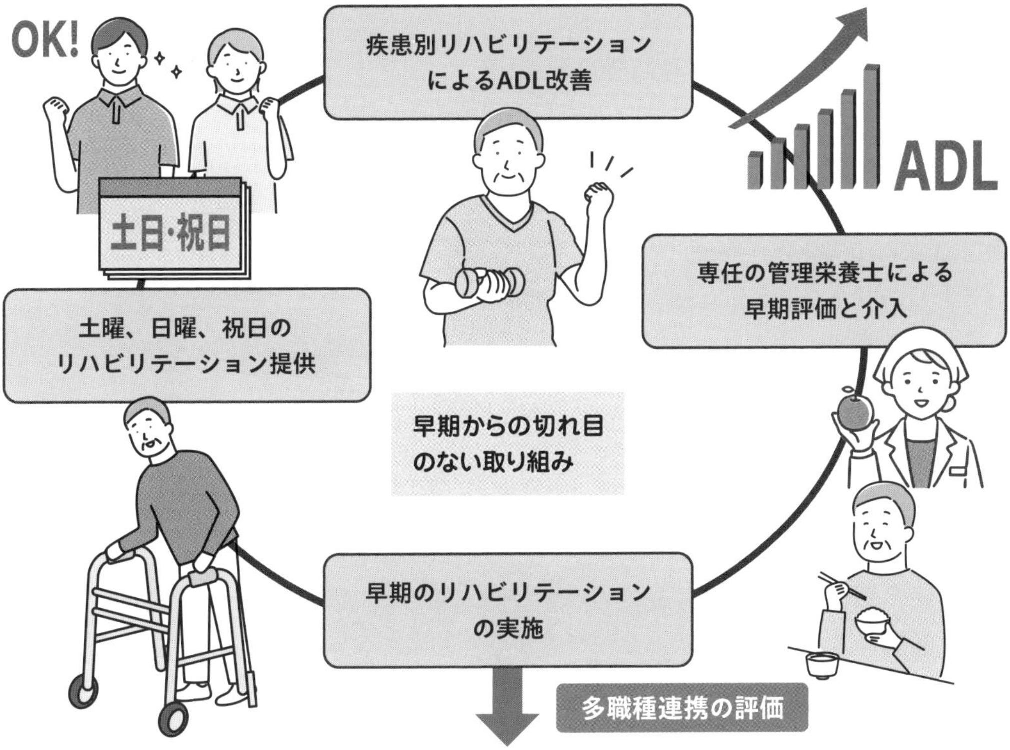

新設

リハビリテーション・栄養・口腔連携体制加算
120点／日

算定要件

48時間以内

入院患者への
栄養管理・口腔管理の計画作成
ADL、栄養・口腔状態の評価

カンファレンス

定期的なカンファレンスによる情報連携

口腔状態の評価

口腔状態の評価
課題がある場合は、
歯科医師などと連携

リハビリテーション・栄養・口腔連携体制加算の施設基準

施設基準についても、リハビリテーションが十分に行われる体制がとられている必要があります。そのための基準として以下があげられます。

●専従のリハビリテーション専門職の配置

該当病棟に専従の常勤理学療法士、常勤作業療法士、常勤言語聴覚士が2人以上（1人は専任でなくともよい）、また、栄養面の対応もできるよう、専任の常勤管理栄養士が1人以上必要です。

●プロセス・アウトカム評価

これらのリハビリテーションの体制を整えたうえで、十分な結果を出していくことも求められます。プロセス・アウトカム評価として次の条件があげられます。

①入棟後3日までに疾患別リハビリテーション料が算定された患者割合が、8割以上
②土日・祝日における1日あたりの疾患別リハビリテーション料の提供単位数が、平日の8割以上
③退院・転棟した患者（死亡退院および終末期のがん患者を除く）のADL（日常生活動作）が、入院時との比較で低下した割合が3％未満
④院内で発生した一定以上の褥瘡を保有する入院患者の割合が、2.5％未満

病態に応じた早期からの疾患別リハビリテーションの推進

重症者に対する早期の急性期リハビリテーションを推進するため、加算評価の見直しが行われました。これまでは「早期リハビリテーション加算」として30日目までを限度に1単位につき30点が加算されていました。これを25点に減らす分、「急性期リハビリテーション加算」を新設し、14日目までで50点加算する形に整理されました。この加算は、心大血管疾患等リハビリテーション料、脳血管疾患リハビリテーション料、廃用症候群リハビリテーション料、運動器リハビリテーション料、呼吸器リハビリテーション料に限定されています。

早期リハビリテーション加算は、単純に見れば減算されているように感じますが、14日目までで50単位を取得できるため、急性期リハビリテーションをしっかりやっているところは大きく加算されます。

リハビリテーション・栄養・口腔連携体制加算の施設基準

●配置人数

2人以上

常勤理学療法士
常勤作業療法士
常勤言語聴覚士
※1人は専任でなくてもOK

1人以上

常勤管理栄養士

●プロセス・アウトカム評価

入棟後3日までに**疾患別リハビリテーション料が算定された患者**

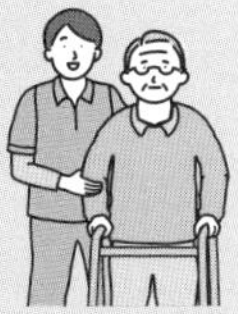

8割以上

疾患別リハビリテーション料の提供単位数（土日・祝日）

平日の8割以上

退院や転棟した患者の**ADLが入院時と比較して低下した割合**

3%未満

褥瘡を保有する入院患者の割合

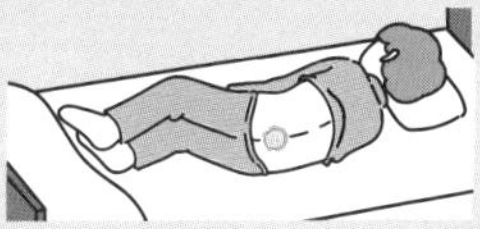

2.5%未満

早期の疾患別リハビリテーションの推進

新設

	開始日〜14日目まで	14日目〜30日目まで
早期からのリハビリを評価	**急性期リハビリテーション加算 50点/単位**	
	初期加算 45点/単位	新たな加算に伴う**減算**
	早期リハビリテーション加算 25点/単位	早期リハビリテーション加算 25点/単位

開始日　14日目まで　30日目まで

【対象】相当程度以上の日常生活能力の低下や重度の認知症がある患者など

診療報酬

4 質の高い在宅医療・訪問看護の確保

訪問診療・往診などに関する見直し

地域生活を続けるために必要なサービスとして訪問診療、訪問看護があります。中山間などの過疎地域において、医療機関まで通うための足がない、というだけで在宅生活を諦めざるを得ない場合も少なくありません。このように、在宅で医療を受けることができる医療体制の構築は大きな問題となっているといえるでしょう。

そのため、今回の診療報酬改定では、より質の高い在宅医療提供体制の構築の推進、患者の状態に応じた適切な訪問診療、往診などを行っていくこととなりました。

ICTを用いた連携の推進

大きなものとしては在宅医療におけるICTを用いた連携の推進があげられます。各医療機関などで得た情報を共有しより効果的な支援をしていくために、ICTを用いて、円滑に情報活用できる取り組みをした場合に算定できる、「在宅医療情報連携加算」が新設されました。もちろん個人情報なので、患者本人の同意は必要ですが、これにより在宅医療が適切に行われる体制の構築が期待されます。その他、在宅療養移行加算についても対象拡大やICT活用時などの評価が見直されました。

また、患者対応について医療機関に問い合わせる場合も、ICTの活用でより早く対応することが可能です。そのための算定要件として、医療関係職種から医療やケアの助言を求められた場合の適切な対応などが求められます。

人生の最終段階を支えるICTの活用

さらに、在宅療養をしている末期がんの患者の急変時、ICTで得られた情報などを活用して人生の最終段階における医療・ケアに関する指導を行った場合に、新たに「在宅がん患者緊急時医療情報連携指導料」が算定できるようになりました。

緩和ケアでは、緩和ケア病棟緊急入院初期加算を設定していましたが、この加算を受けるには文書による情報提供が必要でした。今回の診療報酬改定に伴い、ICTの活用で常に診療情報の閲覧が可能な場合には、これまでの要件をみなすという緩和措置が行われました。これにより、緩和ケア病棟における在宅療養支援のさらなる推進が望まれます。

在宅医療のICTを活用した連携

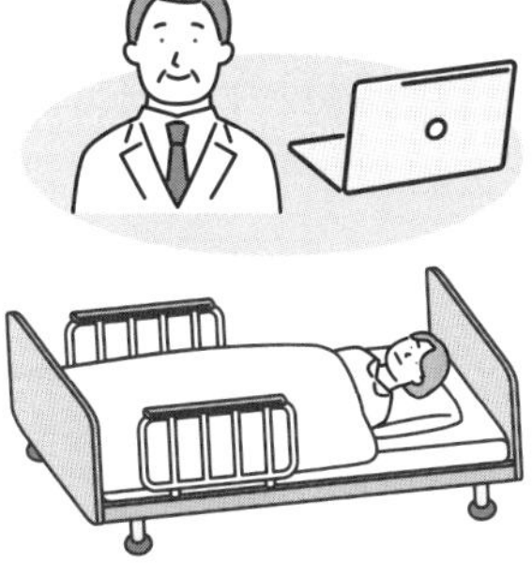

末期がん患者の急変時にICTの情報を活用した療養上の指導

新設

在宅がん患者緊急時医療情報連携指導料
200点
※在宅療養支援診療所・病院以外でも算定可

- 関連職種との診療情報、治療方法などの情報共有（患者の同意）
- 治療方針の変更や留意点の記録
- 医療関係職種などから助言を求められた場合の適切な対応

など

新設

在宅医療情報連携加算
100点

緩和ケア病棟の医師との日々の情報共有

要件緩和

緩和ケア病棟緊急入院初期加算
200点（1日につき）

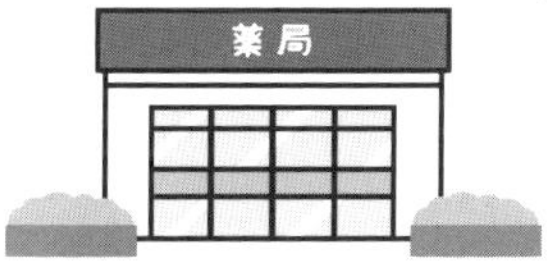

薬局との間で事前に処方内容の調整

見直し

在宅患者重複投薬・相互作用等防止管理料
20点～40点

往診の評価の見直し

往診は、在宅でも診察を受けることができる非常にニーズのあるサービスであり、今後もその需要が高まると考えられます。しかし、医療機関での受診と違い、実施にあたってのコストはどうしても高くなってしまいます。不必要な往診が行われることで社会保障全体へのダメージが起きることがないように、必要な人にきちんと届くための、適切な運用がされなければなりません。

そこで、今回の診療報酬改定では、①往診を行う保険医療機関で過去60日以内に訪問診療を行っているなど日頃から診ている患者や、②往診する保険医療機関と事前に連携体制を構築している保険医療機関で、過去60日以内に訪問診療を行っている患者、③外来で継続的に診療を受けている患者、④平時から連携体制を構築している介護保険施設等に入所している患者以外については、緊急の往診にかかる加算の点数の引き下げが行われ、むやみな往診が行われないような調整がされました。

質の高い訪問看護の確保

在宅生活を支えるという点では、訪問看護は欠かすことができません。地域生活を続けたいというニーズが増している今、訪問看護の提供体制をしっかりと整える必要があります。

例えば、何かあったときの対応場面では、訪問看護師などの負担が重ならず持続可能な形で24時間対応をすることができるよう、「24時間対応体制加算」が見直されました。要件として、負担軽減の取り組みを行った場合が考慮されることになります。

該当となる負担軽減の取り組み

・夜間対応した翌日の勤務間隔の確保
・夜間対応にかかる連続勤務が2連続（2回）まで
・夜間対応後の暦日の休日確保
・ICTやAIなどの活用による業務負担軽減　など

また、緊急時の訪問看護が適切に行われるよう、これまで上限がなかった「緊急訪問看護加算」を月14日目までか、15日目以降かで区分することになりました。算定要件についても対応状況を訪問看護記録書に記録することや、算定理由を訪問看護療養費明細書に記載することなどが追加されました。

往診にかかる評価の見直し

以下に該当する**患者以外の場合**

①往診を行う保険医療機関で過去60日以内に訪問診療を行っている
②往診を行う保険医療機関と連携構築している保険医療機関で、過去60日以内に訪問診療を行う
③外来で継続的に診療を受けている
④往診を行う保険医療機関と平時から連携構築している介護保険施設等に入所

適切な往診の推進による **点数の引き下げ**

緊急往診加算	夜間・休日往診加算	深夜往診加算
325点	**405点**	**485点**

訪問看護の質の確保

持続可能な24時間対応体制の確保

緊急時の訪問看護の適切な提供

24時間対応体制加算

負担軽減に対する

取り組みを行っている	**6,800円**
行っていない	**6,520円**

緊急訪問看護加算

上限の設置

月14日目まで	**2,650円**
月15日目以降	**2,000円**

記載要件

対応状況→**訪問看護記録書**
算定理由→**訪問看護療養費明細書**

障害福祉サービスの報酬

5 2024年 障害福祉サービス報酬改定の全体像をチェック!

持続可能な障害福祉サービス制度を目指した見直し

障害福祉サービス事業所は、障害者の日常生活及び社会生活を総合的に支援するための法律（障害者総合支援法）が施行される前と比べて大幅に増加しています。それだけサービスに対する需要がある、ということではありますが、一方で現状に適した報酬制度につど整理し直していくことが大切です。今回、障害福祉サービスの報酬は診療報酬とあわせて改定が行われ、障害のある人が地域生活を続けていけるよう、また、そのための制度が維持できるように整理がされました。

特に、福祉サービスの根幹をなす人材確保の問題は喫緊の課題です。どこで話を聞いても人が足りないという言葉が聞かれ、十分な支援を行うことができない状態が常態化しているところもあります。支援者も生活者である以上、十分な評価がされるしくみを早急につくり上げ、人材の確保を進めていくことが求められます。今回の報酬改定で十分なものができたとは言い難いところではあるため、今後も引き続き、人材確保に向けた検討が必要といえるでしょう。

ココをチェック!

☑ 大きく8項目のサービスが改定

今回の改定は、横断的な改定事項、訪問系サービス、日中活動系サービス、施設系・居住支援系サービス、訓練系サービス、就労系サービス、相談系サービス、障害児支援の大きく分けて８項目で整理されています。本章⑥〜⑨では、横断的な改定内容のほか、訪問系、日中活動系、施設系・居住支援系について整理しています。

☑ 横断的な改定内容

障害福祉サービス等における横断的な改定として、介護サービスと同様に処遇改善加算の一本化と、それに伴う加算率の引き上げが行われました。また、地域生活支援拠点などに、情報連携を担うコーディネーターの配置を評価する「地域生活支援拠点等機能強化加算」が新設されました。

☑ 訪問系サービス

入院中の重度訪問介護の利用対象として、障害支援区分４および５の利用者も追加されました。

☑ **日中活動系サービス**

生活介護においてサービス提供時間に応じた評価の導入などが行われました。

☑ **施設系・居住支援系サービス**

施設の入所者に対して地域移行の意向を確認する評価の見直しなどが行われました。

訪問系、日中活動系、施設系・居住支援系のおもな改定

横断的な改定

→ p.138

- 処遇改善加算の一本化、加算率のアップ
- 地域生活支援拠点等機能強化加算の新設
- 障害者虐待防止措置や身体的拘束の適正化の基準を満たしていない場合の減算
- 感染症発生時に備えた医療機関との連携強化など

訪問系サービス

→ p.142

- 特定事業所加算の要件に重度障害児への支援を追加
- 入院中の重度訪問介護の利用対象を障害支援区分6から、区分４および５も追加
- 居宅介護の国庫負担基準に介護保険対象者の区分を追加

日中活動系サービス

→ p.144

- 生活介護の基本報酬の見直し（サービス提供時間に応じた評価の導入）
- 医療的ケアが必要な利用者への対応（人員配置体制）の評価
- 緊急短期入所受入加算(I)のアップ
- 医療的ケア児・者の受け入れ促進（医療型ケア対応支援加算（新設））

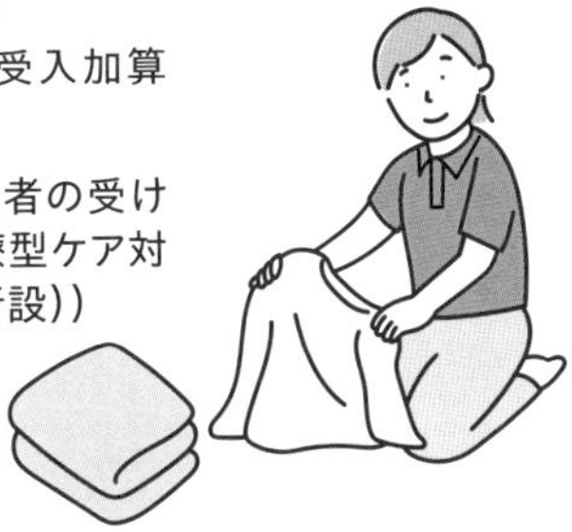

施設系・居住支援系サービス

→ p.146

- 利用者への地域移行の意向確認に対する評価
- 施設から地域移行で入所定員を減らした場合に加算（地域移行支援体制加算（新設））
- グループホームから一人暮らしに向けた支援の評価（自立生活支援加算(I)（新設））

☑ 訓練系サービス

社会生活の自立度評価指標（SIM）の活用と報酬上の評価として、「個別計画訓練支援加算Ⅰ」が新設されました。また、グループホーム入居前から一人暮らしなどを希望する利用者への支援としてピアサポートを実施した場合、新たに「ピアサポート実施加算」が自立生活支援加算Ⅲとして加算されることになりました。

☑ 就労系サービス

就労系サービスでは、就労移行支援が安定して事業展開できるよう事業所の定員規模が「10人以上から」に見直されました。

また、支援計画会議実施加算は名称を「地域連携会議実施加算」に変更し、会議前後にサービス管理責任者と情報共有していれば、会議に就労支援員などが参加しても算定されることになりました。さらに、就労定着支援の基本報酬を就労定着率のみに応じた（利用者数は含めない）報酬体系に見直し、就労定着支援の充実を図るなど、就労支援活動に対して多くの改定が行われました。

☑ 相談系サービス

障害者支援の要ともいえる相談支援では、より支援の質を高めるために、「協議会への定期的な参画」および「基幹相談支援センターが行う地域の相談支援体制の強化の取り組みへの参画」を算定要件に追加したうえでの基本報酬の引き上げや、多機関連携が密に行われることを意識した加算の見直しなどが行われました。

支援機関は増加しているものの、その質の担保はされているか、となると疑問符が残ります。玉石混交の状態が続けば、結果、利用者の不利益につながります。より質の高い支援が行われる体制が構築されることが望まれます。

☑ 障害児支援

児童発達支援センターなどにおける中核機能の評価を行う、「中核機能強化加算」や「中核機能強化事業所加算」が新設されました。また、支援ニーズの高い児童への支援の評価を充実させるため、「入浴支援加算」や「視覚・聴覚・言語機能障害児支援加算」の新設や、「強度行動障害児支援加算」の引き上げが行われました。

訓練系、就労系、相談系、障害児支援のおもな改定

訓練系サービス

社会生活の自立度評価指標（SIM）を活用している事業所を評価	→	新設 個別計画訓練支援加算Ⅰ 47単位／日
グループホーム入居前から一人暮らしを望む利用者にピアサポート	→	新設 ピアサポート実施加算 100単位／月

就労系サービス

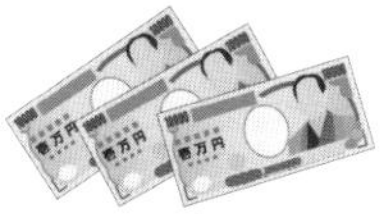

就労移行支援事業所の利用定員	→	10人以上
就労定着支援の充実	→	利用者数と就労定着率に応じた報酬体系から就労定着率のみの体系に
就労定着支援の終了後の体制	→	新設 支援体制構築未実施減算 所定単位数の90%算定
就労選択支援の円滑な実施	→	新設 就労選択支援サービス費 1,210単位／日（2025年10月1日施行）

相談系サービス

基本報酬の充実	→	報酬の引き上げ（協議会や相談支援体制の取り組みへの参加）
多職種連携の加算の拡充	→	算定場面として、面談・会議、通院同行、情報提供が追加

障害児支援

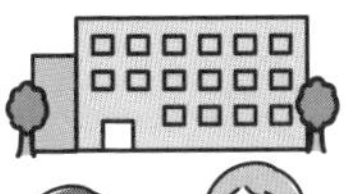

児童発達支援センターなどの機能評価	→	新設 中核機能強化加算 中核機能強化事業所加算
支援ニーズの高い児童への支援	→	強度行動障害児支援加算の見直し 155単位→200or250単位／日

障害福祉サービスの報酬

6 障害福祉サービス等における横断的な改定

現行の処遇改善加算の一本化および加算率の引き上げ

近年の進学動向を見ると、福祉系学部への進学者数は年々減少傾向にあり、その背景の一つとして、残念ながら賃金の低さがあげられるでしょう。これまでも現場の専門職が安心して暮らしていくことができる賃金の確保のために処遇改善加算がなされていましたが、加算制度が分かれていることから、加算を受けることができる場合とそうでない場合がありました。

今回の障害福祉サービスの報酬改定において、より多くの事業所で加算がされるよう、これまでの加算制度を組み合わせ、「福祉・介護職員等処遇改善加算」として一本化されることになりました。また、この新しい加算では、加算・賃金改善額の職種間ルールを統一して、特に経験や技能のある人が重点的に配分されるようにしています。

地域生活支援拠点等の機能の充実

障害者総合支援法の改正により、居住支援のための機能を有し、障害児・者の生活を地域全体で支え地域移行推進を担う拠点となる地域生活支援拠点等の整備が市町村の努力義務となりました。そうした整備を進め、機能を充実させるために、新たに拠点コーディネーターの配置を評価する「地域生活支援拠点等機能強化加算」が設けられました。また、地域生活支援拠点などが、緊急時に重度障害者や医療的ケア児を受け入れた場合の「緊急時受入加算」も新設されました。

地域移行には課題もあり、そのなかには地域で生活ができるか不安で、退院・退所の決断をできない人が少なくないこともあげられます。そこで地域移行の促進につながるように、地域生活支援拠点等に位置づけられている障害者支援施設において動機づけを行う取り組みを行った場合に評価する「地域移行促進加算Ⅱ」が、新区分として設けられました。

取り組み内容としては、グループホームなどの見学や食事利用、地域活動への参加などがあげられます。

福祉・介護職員等処遇改善加算として一本化

加算Ⅰ：加算Ⅱの要件 ＋ 経験・技能のある介護職員の一定割合以上の配置

加算Ⅱ：加算Ⅲの要件 ＋
- 改善後の賃金年額440万円以上が1人以上
- 職場環境の改善、見える化

加算Ⅲ：加算Ⅳの要件 ＋ 経験年数や資格に応じた昇給の整備

加算Ⅳ：
- 加算Ⅳの２分の１以上を月額賃金で配分
- 職場環境の改善（職場環境等要件）(2025年度)
- 賃金体系の整備
- 研修の実施

地域生活支援拠点にかかる新設の加算

地域生活支援拠点

整備主体：市町村

おもな機能・役割
- 地域移行支援
- 自立生活援助
- 地域定着支援

拠点コーディネーターの配置を評価

新設

地域生活支援拠点等機能強化加算：500単位／月

＊拠点コーディネーター１名につき100回／月を上限

緊急時の重度障害者や医療的ケア児の受け入れを評価

新設

緊急時受入加算：100単位／日
短期入所（加算）：200単位／日

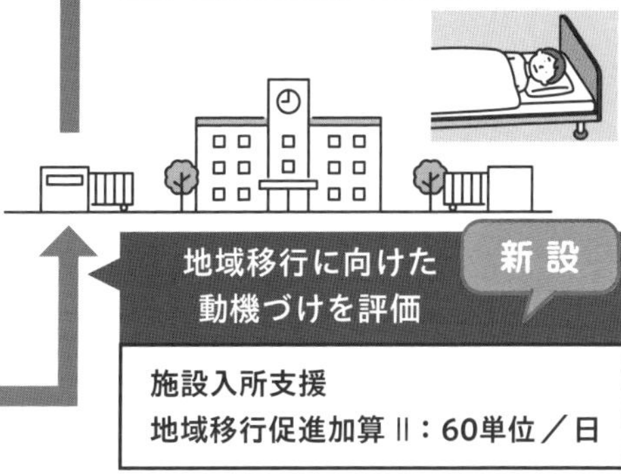

地域移行に向けた動機づけを評価

新設

施設入所支援
地域移行促進加算Ⅱ：60単位／日

障害のある人の意思決定支援を推進するための方策

重度の障害があり自分の意思を十分に伝えられない場合に、以前は支援者や家族の一方的な考えに基づいて支援する、ということが少なくありませんでした。しかし近年では、本人の意思をできる限り尊重するという、意思決定支援、意思推定の実施が重要であることが認識されてきています。今回の障害福祉サービスの報酬改定では、相談支援及び障害福祉サービス事業等の指定基準において、この意思決定支援についての規定が盛り込まれることになりました。

おもな規定

- 利用者の意思決定の支援を配慮するように努めなければならない
- サービス等利用計画や個別支援計画の作成においては、利用者の自己決定の尊重や意思決定の支援に配慮して、適切な支援内容を検討する
- サービス担当者会議などに利用者本人が参加し、本人の意向を確認できるようにする

補足給付の基準費用額の見直し

施設入所を伴う支援については、食費や水道光熱費は実費負担となっています。その負担により生活が困窮してしまう状態とならないように、自己負担を軽減する制度が「補足給付」です。

補足給付費として、食事等基準費用額（食費・光熱水費にかかる平均的な費用の額）から、所得に応じた負担限度額を控除した差額を支給しています。これまでは食事等基準費用額が５万4000円でしたが、経営実態調査などの結果をふまえて５万5500円に引き上げることになりました。

その他、生活費にかかわるところでは、通所系サービスで行われていた食事提供加算の取り扱いがあります。これは収入が一定額以下の利用者を対象に、施設内の調理室を使用して、食事提供した場合に加算されるものです。

今回の障害福祉サービスの報酬改定では、これまでの要件に加え、①管理栄養士などが献立作成にかかわる・献立の確認、②利用者ごとの摂食量の記録、③利用者ごとの体重やBMIを６か月に１回は記録、を行った場合に所定単位数を加算する見直しが行われます。

この見直しについては、2026（令和８）年度まで延長されることになりました。

障害のある人の意思決定支援のプロセス

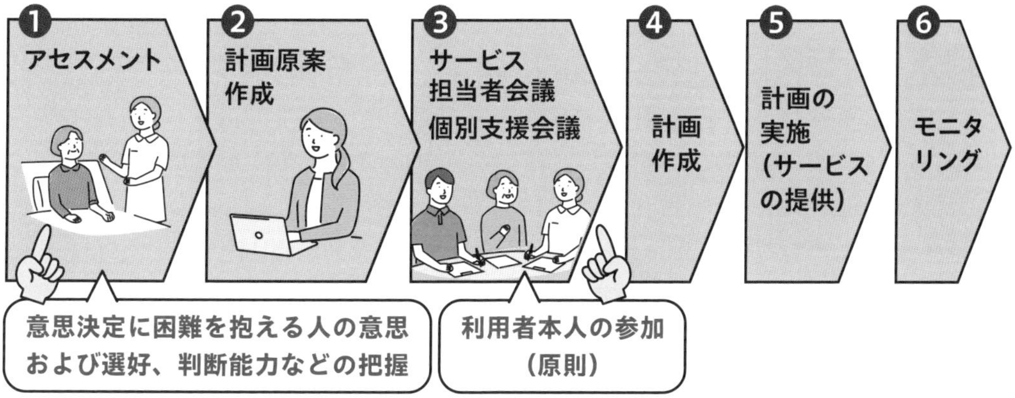

補足給付の額の決まり方

控除後認定収入額が6万6667円を超える場合	（月額）5 万 5500 円−負担限度額（月額） ※負担限度額（月額）=（6 万 6667 円−その他生活費の額） +（控除後認定収入額− 6 万 6667 円）×50%
控除後認定収入額が6万6667円以下の場合	（月額）5 万 5500 円−負担限度額（月額） ※負担限度額（月額）=控除後認定収入額−その他生活費の額
生活保護受給者	（月額）5 万 5500 円

補足給付がある場合

●入所施設対象者（60 歳未満、控除後認定収入額（月額 6 万 4000 円））の例

食事等基準費用額（5 万 5500 円）

補足給付額 1 万 6500 円 ｜ 負担限度額（実費負担） 3 万 9000 円 ｜ その他生活費 2 万 5000 円

控除後認定収入月額（6 万 4000 円）

7 障害福祉サービスの報酬
訪問系サービス

訪問系サービスにおける地域のニーズへの対応

在宅時の支援を行う居宅介護のなかに、医療機関への通院をサポートする通院等介助等があります。基本的には自宅から目的地、目的地から自宅に戻る際に利用できるものですが、場合によっては目的地である病院だけではなく、通っている事業所にも行きたい、というケースも想定されます。そこで、自宅が始点または終点となる場合には、通所系の事業所などから目的地（病院など）への移動を同一の事業所が行うことを条件に、通院等介助等の対象とすることになりました。

また、重度障害者の介護では介護者の技術がより必要になってきます。これをより正当に評価し、適切な介護の実施に結びつけるため報酬の見直しがされました。

重度訪問介護加算対象者に対する支援の際には、熟練従業者と一緒に新任従業者や加算対象者の支援に初めて従事する従業者が同行した場合、それぞれ所定単位数の90%が算定（合わせて180%を算定）されることになりました。

重度障害者が入院した際の特別なコミュニケーション支援の充実

障害の状態によっては、コミュニケーションが円滑に行えない場合も少なくありません。特別なコミュニケーションが必要となる場合、入院先で十分な意思疎通ができないことによる弊害を避けるため、重度訪問介護を利用することができます。これまでは障害支援区分6のみが対象となっていましたが、これを緩和し、区分4以上であれば利用できるようになったことで、より利用しやすく整備がされています。

また、重度訪問介護の利用者が入院する場合、適切な医療を行うためにも、事業所側からの障害特性や退院後の生活の希望、入院時に必要なフォローなどの伝達、医療機関側からの伝達事項など、医療機関と事業所の間で十分な連絡調整が行われることが求められます。

そこで、利用者が重度訪問介護従業者の付き添いにより入院する前に、重度訪問介護事業所の職員と医療機関の職員が事前調整を行った場合、新たに「入院時支援連携加算」が算定できるようになりました。

通院等介助等の取り扱い（事業所から病院などへ行く場合）

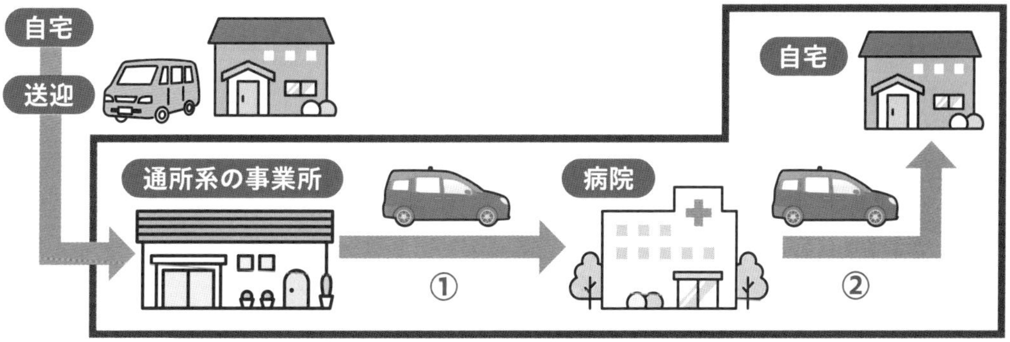

※②の算定がある場合のみ、①の算定が可能　※色枠内の支援を同一の事業所が行うことが条件

入院中の重度訪問介護利用の対象拡大

改定前

重度訪問介護の利用者で特別なコミュニケーション支援を必要とする**障害支援区分6**の障害者

区分６

改定後

重度訪問介護の利用者で特別なコミュニケーション支援を必要とする**障害支援区分4・5・6**の障害者

区分４　区分５　区分６

重度訪問介護利用者の入院時の連絡調整を評価

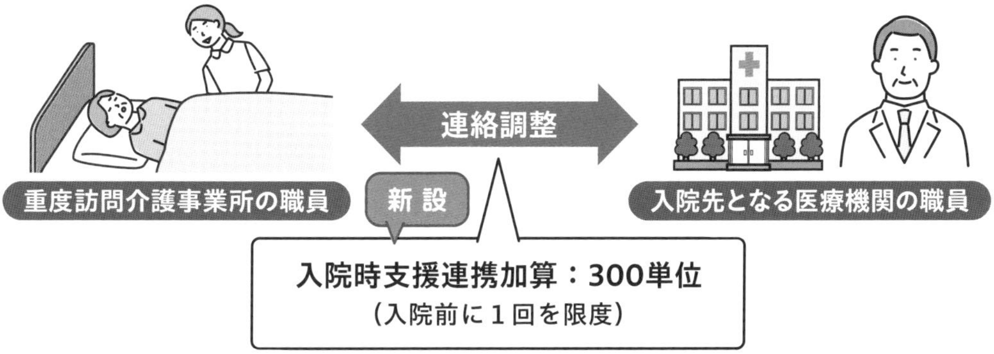

入院時支援連携加算：300単位
（入院前に１回を限度）

障害福祉サービスの報酬

8 日中活動系サービス

生活介護における支援の実態に応じた基本報酬の見直し

生活介護は、重い障害を抱えている人の日中生活の場として欠かせない存在となっています。利用者は、ある程度自分でできる人からほぼすべての行為で介助が必要という人までさまざまです。これまで基本報酬は、施設の営業時間で設定されていましたが、障害が重い人が多い事業所と軽い人が多い事業所では必要となる支援も異なってきます。

そのため、今回の障害福祉サービスの報酬改定では、利用者ごとのサービス提供の実態に応じた報酬体系になるよう、サービス提供時間別に設定されました。なお、障害特性上、短時間の利用にならざるを得ない場合まで含めてしまうと減収となってしまうことから、個別支援計画に定めた標準的な支援時間での算定を基本にするなど、一定の配慮が行われています。あわせて、福祉専門職員について人員配置や勤続年数を適切に評価するため、福祉専門職員配置等加算の見直しも行われました。

また、延長支援加算については、これまで1時間未満と1時間以上の区分しかなく、どれだけ延長しても評価が変わらない、という状況でした。そこで今回、所要時間9時間以上の支援を行った場合の評価が細かく設定されました。

医療的ケア児・者の受け入れ体制の拡充

家族の都合などで数日間預かってくれる短期入所ですが、医療的ケア児・者の場合、十分な対応ができないからと断られてしまうこともしばしばあります。

そこで、福祉型短期入所サービスでも、医療的ケア児・者を受け入れて対応する場合や、障害支援区分5・6の重度障害者を数多く受け入れている場合に評価する、「医療的ケア対応支援加算」と「重度障害児・障害者対応支援加算」が新設されました。医療的ケア対応支援加算の場合は、看護職員を必要とされる数以上配置することが求められるため、多くの医療的ケア児・者、重度障害児・者の居場所が増えることが期待されます。

また、短期入所には従来の福祉型に加え医療型もありますが、利用する前から事前に自宅訪問を行い、医療的ケアの手技などを確認したうえで新規に受け入れた場合に算定できる、「医療型短期入所受入前支援加算」も新設されました。

サービス提供時間ごとの基本報酬

新設定

障害支援区分	3時間未満	3時間以上～4時間未満	4時間以上～5時間未満	5時間以上～6時間未満	6時間以上～7時間未満	7時間以上～8時間未満	8時間以上～9時間未満
	サービス提供時間						
区分2以下	185単位	236単位	284単位	332単位	463単位	475単位	536単位
区分3	204単位	262単位	313単位	366単位	510単位	523単位	584単位
区分4	228単位	293単位	351単位	409単位	570単位	584単位	646単位
区分5	333単位	427単位	512単位	597単位	833単位	854単位	915単位
区分6	449単位	575単位	690単位	805単位	1,120単位	1,150単位	1,211単位

福祉専門職員配置等加算の見直し

福祉専門職員配置等加算Ⅰ※
15単位／日
または
福祉専門職員配置等加算Ⅱ※
10単位／日

＋

福祉専門職員配置等加算Ⅲ※
6単位／日

併給可能に

※共同生活援助（グループホーム）の場合、Ⅰは10単位／日、Ⅱは7単位／日、Ⅲは4単位／日

医療的ケア児・者などの受け入れ体制の拡充

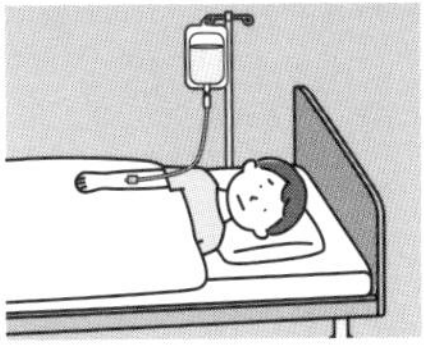

受け入れの拡充

新設

- 医療的ケア対応支援加算　120単位／日
- 重度障害児・障害者対応支援加算　30単位／日
- 医療型短期入所受入前支援加算　1,000単位／日（1回を限度）

障害福祉サービスの報酬

9 施設系・居住支援系サービス

地域移行を推進するための取り組みの推進

重い障害を抱えているため施設で安定した生活をしたい人、集団生活のほうが安心できる人など、それぞれの想いに応じて住む場所を決めることが大切です。もし施設から地域に出ていきたい、という思いがあった場合には、対応できる体制を整えておくことが必要になります。

今回の障害福祉サービスの報酬改定では、すべての施設入所者に対して、地域生活への移行に関する意向や施設外の日中活動系サービスの利用の意向について確認し、本人の希望に応じたサービス利用にしていくことが示されました。

また、以下の体制整備が2024（令和6）年度から努力義務となるなど、運営基準の見直しも行われました（2026（令和8）年度から義務化）。

①地域移行および施設外の日中サービスの意向確認を行う担当者の選任
②意向確認の記録や意向をふまえた個別支援計画を作成するなど、意向確認のマニュアルの作成

グループホームから一人暮らしなどに向けた支援の充実

今回改正された障害者総合支援法では、グループホームにおいて、利用者が一人暮らしなどを希望する場合に相談対応できる機能が追加されることになりました。そして、報酬改定では、これまであった自立生活支援加算を入居前、入居中と細分化し、より密な支援を行った場合、「自立生活支援加算Ⅰ」として新たに評価し、グループホーム退居後の支援については、「退居後共同生活援助サービス費・退居後外部サービス利用型共同生活援助サービス費」として新たに評価することになりました。

近年、グループホームが多く設置されているのを見かけますが、必ずしも福祉経験者が開業したものではないなど、ケアの質がきちんと担保できるかという懸念が存在します。そこで、一定の質が担保されるよう、地域連携推進会議の開催などを運営基準に入れることで、事業の透明性やケアの質の一定の担保を図ろうとしています。

グループホームにおける一人暮らしなどに向けた支援

グループホーム入居中に一人暮らしなどを希望した利用者に対する支援

介護サービス包括型
外部サービス利用型

入居前
個別支援計画の作成 → 生活支援

入居中
計画の見直し → 住居の確保などの支援

個別支援会議など

利用者の希望などを共有

入居中に新たな生活への希望が生じる

新設
- 自立生活支援加算（Ⅰ）1,000単位／月
- 居住支援連携体制加算 35単位／月
- 地域居住支援体制強化推進加算 500単位／回（月1回を限度）

個別支援計画を見直したうえで住居の確保などの支援（6か月）

グループホーム入居前から一人暮らしなどを希望する利用者に対する支援

移行支援住居

入居前
個別支援計画の作成 → 住居の確保などの支援

個別支援会議など

新設
- 自立生活支援加算（Ⅲ）：80単位／日
- ピアサポート実施加算：100単位／月

住居の確保や退居後の生活に向けた支援（3年）

一人暮らしへ

退居後の支援

新設
退居後共同生活援助サービス費・退居後外部サービス利用型共同生活援助サービス費
2,000単位／月
退居後3か月。自立支援加算（Ⅰ）または自立支援加算（Ⅲ）を算定した人が対象

新設
退居後ピアサポート実施加算
100単位／月
退居後共同生活援助サービス費・退居後外部サービス利用型共同生活援助サービス費に加算

地域との連携を推進する基準の新設

利用者・家族、地域住民の代表など

市町村の担当者

新設
地域連携推進会議の開催

2024年度から努力義務化
2025年度から義務化

① 運営状況の報告
② 必要な要望、助言などを聞く機会の設定
③ 会議の構成員による事業所見学の機会の設定
④ ①②の報告、要望、助言などの記録作成・公表

①〜③：おおむね1年に1回以上

※外部の者による評価および当該評価の実施状況の公表またはこれに準ずる措置として都道府県知事が定めるものを講じている場合には、適用しない
※日中サービス支援型における協議会への報告義務は、これまでと同様

執筆者紹介（五十音順）

迫田三佳（さこだ・みか）
介護福祉ジャーナリスト（執筆・企画・編集）

二本柳覚（にほんやなぎ・あきら）
京都文教大学臨床心理学部臨床心理学科准教授
日本福祉大学福祉社会開発研究所客員研究所員

決定版　図解でまるわかり!

2024年4月介護保険改正ガイド

2024年6月20日　発行

編　　集――――――中央法規「ケアマネジャー」編集部
発 行 者――――――荘村明彦
発 行 所――――――中央法規出版株式会社
〒110-0016　東京都台東区台東3-29-1 中央法規ビル
TEL 03-6387-3196
https://www.chuohoki.co.jp/

装幀・本文デザイン・DTP ―次葉
イラスト――――――オオノマサフミ
印刷・製本 ――――株式会社ルナテック

定価はカバーに表示してあります。
ISBN 978-4-8243-0060-7

A060